W0222971

Gran Canaria
Fuerteventura · Lanzarote

Mehr als 1000 Kilometer von der Iberischen Halbinsel und an der dichtesten Stelle nur 100 Kilometer von Westafrikas Küste entfernt, liegen die Kanarischen Inseln wie Trittsteine zwischen Europa, Afrika und Amerika. Kolumbus dienten sie als Sprungbrett in die Neue Welt, und auf den Seerouten dorthin entwikkelten sie sich zur wichtigen Zwischenstation. Heute lockt das im Sommer wie im Winter milde Klima mit über 300 Sonnentagen pro Jahr die Touristen auf den Archipel. Die Ostkanaren Gran Canaria, Fuerteventura und Lanzarote beschreibt der vorliegende HB-Bildatlas. Den Westkanaren Teneriffa, La Palma, Gomera und Hierro widmet sich der Folgeband HB-Bildatlas Nr. 177.

Gran Canaria ist mit über 750 000 Einwohnern die am dichtesten besiedelte Insel des gesamten Archipels. Dies wird besonders im Inselnorden deutlich, wo sich Bananenplantagen erstrecken so weit das Auge reicht, in feuchten Schluchten letzte Reste des Lorbeerwaldes ein Refugium gefunden haben, Kleinstädte zu Streifzügen durch verwinkelte Gassen locken. Einen ausgedehnten Besuch verdient die Hauptstadt Las Palmas mit ihrer Altstadt, schönen Parks und Museen.
Im Landesinneren überragen bizarre Gipfel tiefe Schluchten, strotzen fruchtbare Täler vor üppiger Blütenpracht. Der Süden ist Gran Canarias Sonnenküste. Im unwegsamen Westen verstecken sich zwischen hohen Steilküsten unberührte Buchten.

Fuerteventura, größte der drei Ostkanarischen Inseln, ist am dünnsten besiedelt. Nur rund 50 000 Einwohner und 70 000 Ziegen leben auf dem Eiland. Corralejo im Norden und die Halbinsel Jandía im Süden bieten die längsten Strände des gesamten Archipels. Vor der Küste finden vor allem Segler, Windsurfer und Unterwassersportler ein türkisblaues Paradies.

Lanzarote, eine Insel wie aus dem Bilderbuch, bezaubert mit schneeweißen Häusern vor schwarzen Vulkankegeln, modernen, vielfarbigen Kunstwerken, hochinteressanten Freiluftmuseen, fantastischen Aussichtspunkten und dem Nationalpark Timanfaya mit seinen Feuerbergen. Die Salinenlandschaft von Janubio und die Weintrichter von La Geria gehören zu den eindrucksvollen Impressionen der 80 000 Einwohner zählenden Insel wie auch die Vulkanhöhlen Jameos del Agua und Cueva de los Verdes.

Auch sie findet man noch, die typischen Inselbewohner: beim Klang der Timple, der kleinen kanarischen Gitarre, und dem Gesang von Volksweisen, auf den Patronatsfeiern oder bei der Lucha Canaria, dem Kanarischen Ringkampf. Einblick in die Eigenheiten, Geheimnisse und Schönheiten der Ostkanaren geben die Texte von Angelika König und die faszinierenden Fotos von Thomas Peter Widmann.

Bei Streifzügen durch die Altstädte der Inseln stößt man nicht selten auf schöne Holztüren und aufgeschlossene Einheimische.

Titel: Fundación César Manrique in Tahíche/Lanzarote.

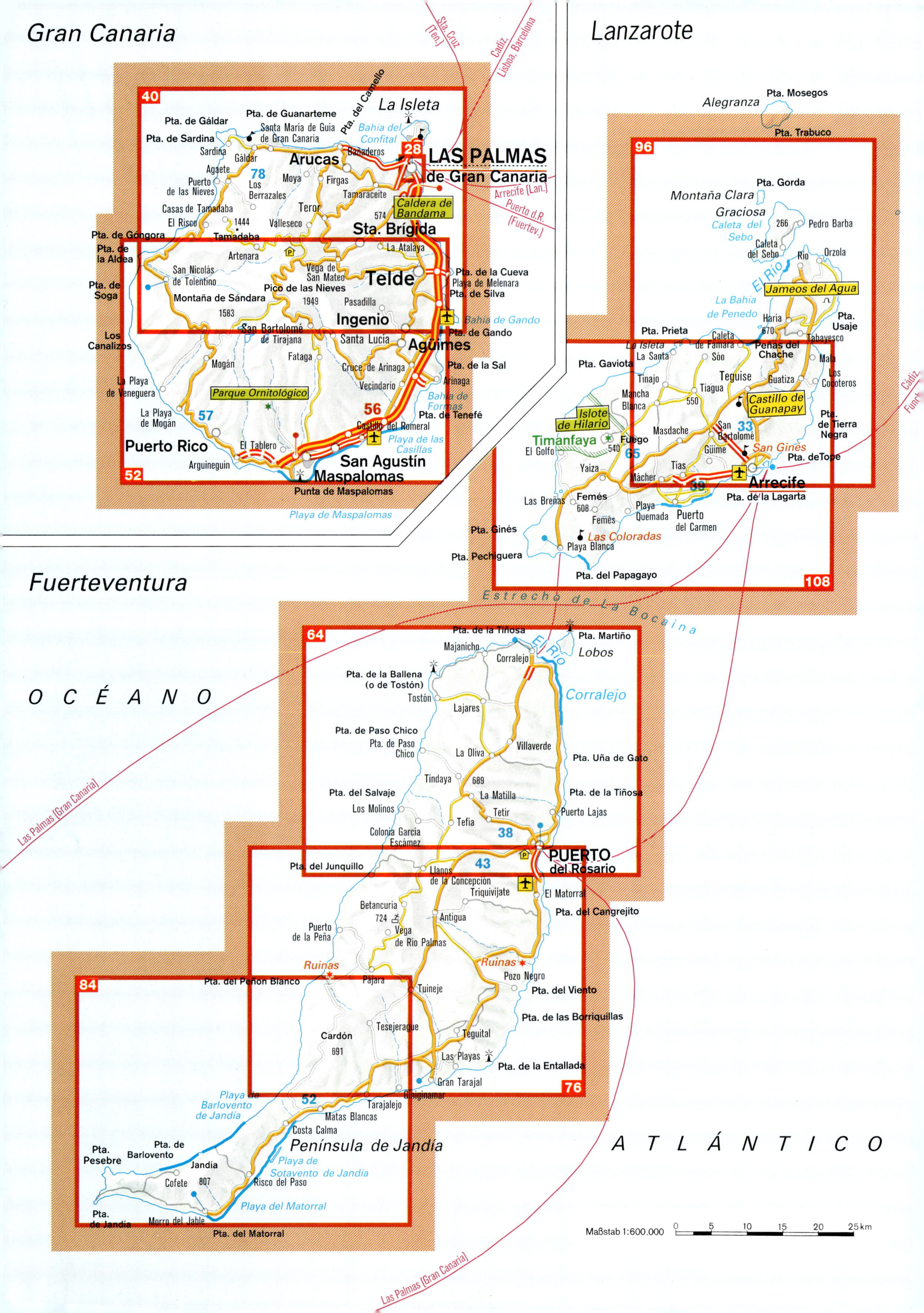
Gran Canaria
Lanzarote
Fuerteventura
O C É A N O
A T L Á N T I C O
Estrecho de La Bocaina
40
52
56
28
96
108
64
76
84
La Isleta
Pta. del Camello
Pta. de Guanarteme
Pta. de Gáldar
Pta. de Sardina
Santa María de Guía de Gran Canaria
Bahía del Confital
LAS PALMAS de Gran Canaria
Arucas
Banaderos
Sardina
Gáldar
Agaete
Puerto de las Nieves
Los Berrazales
Moya
Firgas
Tamaraceite
Caldera de Bandama
Casas de Tamadaba
El Risco
1444
Tamadaba
Valleseco
Teror
574
Sta. Brígida
La Atalaya
Pta. de Góngora
Pta. de la Aldea
Artenara
San Nicolás de Tolentino
Vega de San Mateo
Telde
Pta. de la Cueva
Playa de Melenara
Pta. de Silva
Pta. de Soga
Montaña de Sándara
Pico de las Nieves
1949
Pasadilla
1583
Ingenio
Bahía de Gando
Pta. de Gando
Los Canalizos
San Bartolomé de Tirajana
Santa Lucía
Agüimes
Fataga
Mogán
Cruce de Arinaga
Pta. de la Sal
Arinaga
La Playa de Veneguera
Parque Ornitológico
Vecindario
Bahía de Formas
La Playa de Mogán
57
Pta. de Tenefé
Castillo del Romeral
Playa de las Casillas
Puerto Rico
El Tablero
San Agustín
Arguineguín
Maspalomas
Punta de Maspalomas
Playa de Maspalomas
78
Sta. Cruz (Ten.)
Cádiz, Lisboa, Barcelona
Arrecife (Lan.)
Puerto d.R. (Fuertev.)
Alegranza
Pta. Mosegos
Pta. Trabuco
Pta. Gorda
Montaña Clara
Graciosa
Caleta del Sebo
266
Pedro Barba
Caleta del Sebo
Río
Orzola
El Río
Jameos del Agua
La Bahía de Penedo
Haría
670
Pta. Usaje
Tabayesco
Pta. Prieta
La Isleta
La Santa
Caleta de Famara
Peñas del Chache
Pta. Gaviota
Sóo
Mala
Los Cocoteros
Tinajo
Teguise
Guatiza
Mancha Blanca
Tiagua
550
Castillo de Guanapay
Islote de Hilario
Timanfaya
El Golfo
540
Fuego
65
Masdache
San Bartolomé
33
Pta. de Tierra Negra
San Ginés
Cádiz, Funch.
Güime
Pta. deTope
Yaiza
Tías
Mácher
39
Arrecife
Pta. de la Lagarta
Las Breñas
Femés
608
Femés
Playa Quemada
Puerto del Carmen
Pta. Ginés
Las Coloradas
Playa Blanca
Pta. Pechiguera
Pta. del Papagayo
Pta. de la Tiñosa
Pta. Martiño
Lobos
Majanicho
Corralejo
El Río
Corralejo
Pta. de la Ballena (o de Tostón)
Tostón
Lajares
Pta. de Paso Chico
Pta. de Paso Chico
Villaverde
La Oliva
Pta. Uña de Gato
Tindaya
689
Pta. del Salvaje
La Matilla
Pta. de la Tiñosa
Los Molinos
Tetir
Puerto Lajas
Tefía
Colonia García
Escámez
38
PUERTO del Rosario
Pta. del Junquillo
Llanos de la Concepción
43
Triquivijate
El Matorral
Betancuria
Pta. del Cangrejito
724
Antigua
Puerto de la Peña
Vega de Río Palmas
Ruinas
Ruinas
Pozo Negro
Pta. del Peñón Blanco
Pájara
Tuineje
Pta. del Viento
Pta. de las Borriquillas
Cardón
Tesejerague
691
Teguital
Las Playas
Pta. de la Entallada
Gran Tarajal
Playa de Barlovento de Jandía
52
Giniginamar
Tarajalejo
Matas Blancas
Costa Calma
Península de Jandía
Pta. Pesebre
Pta. de Barlovento
Jandía
Playa de Sotavento de Jandía
Cofete
807
Risco del Paso
Playa del Matorral
Pta. de Jandía
Morro del Jable
Pta. del Matorral
Las Palmas (Gran Canaria)
Las Palmas (Gran Canaria)
Maßstab 1:600.000
0
5
10
15
20
25 km

Inhalt

Fuerteventura ist ein Paradies für Wassersportler: Segeltörn auf der Regattayacht ›Maxi‹ mit Heimathafen Morro Jable.

Das Fest der Feste: Karneval

Wie im gesamten spanischsprachigen Raum wird auch auf den Kanarischen Inseln häufig und gern gefeiert. Bedeutendstes Fest ist der Karneval. In phantasievollen Kostümen mit meterhohem Kopfputz kämpfen die Schönheiten jedes Jahr um den Titel der Karnevalskönigin, welche die farbenprächtigen Umzüge anführen darf. Auf Gran Canaria wird das wochenlange bunte Maskentreiben besonders ausgelassen in Las Palmas und Playa del Inglés begangen.

Rio läßt grüßen auf der ›Gran Cabalgata‹ von Las Palmas de Gran Canaria, dem großen Karnevalsumzug am vorletzten Tag der Fiesta.

Bananen für den Eigenbedarf

Kanarische Agrarprodukte werden zum größten Teil exportiert. Die Bananen jedoch sind vorwiegend für den Eigenbedarf und den Versand zum spanischen Festland bestimmt. In Europa hat die kleine Kanarenbanane gegen die preiswerten ›Riesen‹ aus Mittelamerika keine Chance. Bei der jährlichen Bananenproduktion der Kanarischen Inseln von über 300 000 Tonnen steht Gran Canaria nach Teneriffa und La Palma an dritter Stelle.

Vor allem im Norden von Gran Canaria werden Bananenstauden angepflanzt, die kleineren unter freiem Himmel, die größeren unter Gazedächern: Plantage in Arucas.

Touristenglück auf Gran Canaria

Als permanentes Sommerparadies locken die sonnensicheren Strände der Costa Canaria die Urlauber in den Süden von Gran Canaria. Hier sind San Agustín, Playa del Inglés und Maspalomas zu einer einzigen, gigantischen Feriensiedlung mit rund 150 000 Betten zusammengewachsen. Auch Puerto Rico weiter westlich wurde im großen Stil mit Ferienunterkünften versehen und seine Sandbucht mit Sonnenliegen bestückt.

Harmonisch durchkonzipiert ist das neue Feriendorf von Puerto de Mogán samt Hafen zwischen Gran Canarias Touristenhochburgen an der Costa Canaria.

Für Wasserratten: Fuerteventura

Die Jandía-Halbinsel von Fuerteventura ist ein Eldorado für Sonnenanbeter, Wasserratten, Segler und Surfer. Im Westen des zwanzig Kilometer langen Areals der Playa de Sotavento mit seinen feinen Sandstränden warten das gebirgige Hinterland und die menschenleeren Strände der Playa de Barlovento an der Westküste auf Wandervögel und Naturfreunde.

Auch Fuerteventuras wichtigstes Feriengebiet liegt im Inselsüden, wo die Playa de Sotavento mit türkisblauem Wasser und herrlichen Sandstränden lockt.

Per Wüstenschiff durch Lanzarote

Noch in den sechziger Jahren war das Dromedar, das im 15. Jahrhundert mit den ersten afrikanischen Sklaven auf die Inselgruppe kam, besonders auf den flachen Inseln Fuerteventura und Lanzarote treuer Gehilfe des Bauern: als Zug- und Lasttier sowie zum Pflügen der Äcker. Heute dient das genügsame Tier ausschließlich dem Fremdenverkehr. Man findet es in der Dromedarstation am Rand der Feuerberge des Nationalparks Timanfaya, in den Freiluftmuseen und auf Volksfesten.

Einst brachten Lanzarotes Dromedare Salz nach Arrecife, Weintrauben nach Mozaga und Wasser nach Playa Blanca. Heute transportieren sie Touristen durch die ›Vulkanwüste‹ der Feuerberge.

Ostkanaren kompakt:

Buenos días und Bienvenidos

›Guten Tag‹ und ›Herzlich Willkommen‹ sagen die Bewohner der Kanarischen Inseln zur Begrüßung. Die Insulaner erweisen sich als äußerst freundlich, hilfsbereit und gesprächig. Oft wird eine einfache Frage mit einer langen Erklärung beantwortet, der Suchende bis vor die Haustür begleitet oder gar zu einem Glas Wein eingeladen. Schnell kommt man mit den Inselbewohnern ins Gespräch und merkt: Die Kanarier sind stolz auf ihre Inseln, die jede eine facettenreiche Welt für sich darstellt.

Vielfalt in der Landschaft

Zu den Ostkanarischen Inseln gehören Gran Canaria, Fuerteventura, Lanzarote und der Archipel Chinijo, von dem nur die 28 Quadratkilometer große Insel Graciosa ständig bewohnt ist. Gran Canaria hat eine Fläche von 1532 Quadratkilometern, ist fast kreisrund und besitzt mit Gipfeln, die fast 2000 Meter erreichen, die höchsten Erhebungen der Ostkanaren – und bietet damit die abwechslungsreichste Landschaft. Von den höchsten Gipfeln laufen tiefe ›Barrancos‹, Schluchten, an der Süd- und Westküste zu lieblichen Tälern und schönen Badestränden aus. Am Südzipfel

Heute ein Naturreservat sind die herrlichen meterhohen, feinsandigen Wanderdünen von Maspalomas am Südzipfel von Gran Canaria.

der Insel hat sich das herrliche Dünengebiet von Maspalomas gebildet, heute ein Naturreservat. Den Norden dagegen prägen felsige Küstenabschnitte.
Fuerteventura ist mit 1732 Quadratkilometern die größte der drei Inseln. Sie besitzt mehrere Berg- und Hügelketten erodierter Vulkane, eine weite Ebene im Zentrum und die steppenartige Halbinsel Jandía. Letztere, heute ein Naturreservat, hat mit dem 807 Meter hohen Pico de la Zarza nicht nur die höchste Erhebung der Insel, sondern auch die schönsten und längsten Sandstrände des gesamten Archipels.
Lanzarote, die mit 795 Quadratkilometern kleinste der drei Inseln, wird im Süden durch die Meerenge La Bocaina von Fuerteventura und im Norden durch den Meeresarm El Río von der vorgelagerten Insel Graciosa getrennt. Die Insellandschaft wird nachhaltig von den Vulkanausbrüchen des 18. und 19. Jahrhunderts geprägt. Dies wird besonders im 50 Quadratkilometer großen Nationalpark ›Parque Nacional de Timanfaya‹ deutlich. Die höchste Erhebung ist der Peñas del Chache (670 m) im nördlichen Bergmassiv Risco de Famara, heute Naturreservat. Die schönsten Sandstrände liegen im Osten und Süden der Insel.

Vegetation der Vulkaninseln

Gran Canaria, Fuerteventura und Lanzarote sind wie die anderen Kanarischen Inseln vulkanischen Ursprungs. Durch Vulkantätigkeit bauten sich vor rund 20 Millionen Jahren Lanzarote und Fuerteventura und vor zirka 15 Millionen Jahren Gran Canaria auf einem Basaltsockel auf. Die Vulkane auf Lanzarote waren im 19. Jahrhundert das letzte Mal aktiv. Ihre Lavamassen haben ein Viertel des Ackerlandes verschüttet. Neue Anbauarten machen dennoch Gemüse- und Weinanbau möglich.
Auf Fuerteventura sind die Vulkane älter und deshalb auch mehr erodiert. Auf der wüstengleichen Insel wird in erster Linie Tomatenanbau und Ziegenzucht betrieben. Lanzarote und Fuerteventura sind die regenärmsten Inseln. In manchen Jahren fällt überhaupt kein Niederschlag.
Den zentralen Teil von Gran Canaria prägt unwegsames Bergland. Der durch die feuchten Passatwinde beeinflußte Inselnorden ist äußerst fruchtbar. Osten und Süden sind dagegen karg und trocken. Besonders üppige Vegetation findet man in den Tälern, besonders im Valle de Mogán im Süden und im Valle de Agaete im Nordwesten. Im Norden werden in erster Linie Bananen und Gemüse angebaut, im Süden vor allem Tomaten.

Spanische Eroberung ab 1402

Durch ihre isolierte Lage lebten die Altkanarier noch immer auf Steinzeitniveau, als die ersten Europäer Anfang des 15. Jahrhunderts ihren Fuß auf die Inseln setzten. Lanzarote war die erste der Kanarischen Inseln, zu der die europäischen Eroberer vordrangen. 1402 ging der normannische Seefahrer Jean de Béthencourt, der im Dienst der kastilischen Krone stand, im Süden der Insel an Land und gründete die Niederlassung Rubicón, die zum ersten außereuropäischen Bischofssitz ernannt wurde. 1404 eroberte er von Lanzarote aus Fuerteventura und gründete die nach ihm benannte Ortschaft Betancuria.
Gran Canaria wurde erst 1478 von dem Spanier Juan Rejón erobert, der in einem

Tiefe Schluchten, wie der Barranco de la Aldea bei San Nicolás de Tolentino auf Gran Canaria, prägen alle drei Vulkaninseln.

dichten Palmenhain am Ufer des Guiniguada im Nordosten der Insel sein erstes Lager aufschlug: heute Las Palmas. Nachdem Pedro de Vera die Eroberung abgeschlossen hatte, wurde die Insel mit Südspaniern besiedelt, afrikanische Sklaven arbeiteten auf den neuen Zuckerrohrplantagen. Im 16. und 17. Jahrhundert hatten die Bewohner unter Piratenüberfällen und Hungersnöten zu leiden. Oft war die Emigration einziger Ausweg aus der Not.
Obwohl die Inseln seit der Eroberung durch die spanische Krone politisch zum spanischen Mutterland gehörten, gerieten sie, zumindest wirtschaftlich, immer wieder in den Einflußbereich ausländischer Mächte. Besonders Engländer kontrollierten im 19. Jahrhundert Handel und Verkehr.

Politik und Verwaltung

1852 wurden die Kanarischen Inseln zur Freihandelszone erklärt, was die Wirtschaft positiv beeinflußte. Nachdem bereits 1912 auf jeder Insel ein ›Cabildo Insular‹, eine Inselverwaltung, eingeführt wurde, erfolgte 1927 eine Aufteilung der Kanarischen Inseln in die Westprovinz Santa Cruz und die Ostprovinz Las Palmas. Hauptstadt der Ostprovinz ist seitdem Las Palmas de Gran Canaria, das sich mit rund 400 000 Einwohnern zur größten Stadt des gesamten Archipels entwickelt hat.
Die Kanarischen Inseln erhielten 1982 den Autonomiestatus und sind seitdem eine der 17 autonomen Regionen Spaniens. Der Präsidentensitz der autonomen Regierung wechselt alle vier Jahre zwischen den beiden Provinzhauptstädten. Das Parlament hat seinen festen Sitz in Santa Cruz de Tenerife. Beim EG-Beitritt Spaniens 1986 wurde den Kanarischen Inseln ein Sonderstatus eingeräumt, der sich besonders bei der Besteuerung (Zigaretten, Benzin usw.) bemerkbar macht.

Land, Wirtschaft, Kultur

Vom Agrar- zum Urlaubsland

Ursprünglich nahmen Landwirtschaft und Fischfang den ersten Platz ein. Mit der Entwicklung des Tourismus hat sich das Verhältnis umgekehrt. Hatte die Landwirtschaft Ende der sechziger Jahre noch eine Bedeutung von über 50 Prozent, ging sie im letzten Jahrzehnt des 20. Jahrhunderts auf fünf Prozent zurück. Die Entwicklung im Fischfang war ähnlich. Große wirtschaftliche Bedeutung hat der Puerto de la Luz von Las Palmas jedoch als Ankerplatz für die großen ausländischen Fischfangflotten und als Containerhafen. Mit der geplanten Schaffung der ›Zona Especial de Canarias‹, einer Art Freihandelszone im Hafenbereich, soll ausländisches Kapital angelockt werden.

Noch immer werden auf Lanzarote Opuntien angebaut, wie hier bei Guatiza, wenn auch der wirtschaftliche Nutzen heute gering ist.

Die Industrie der Kanaren beschränkt sich fast ausschließlich auf Stromgewinnung und Wasseraufbereitung. Alles andere sind Handwerksbetriebe oder Manufakturen, in denen eingeführte Produkte montiert oder weiterverarbeitet werden. Dienstleistungsgewerbe und Handel stellen heute 70 bis 75 Prozent aller Einnahmen, gefolgt vom Baugewerbe, das mit acht bis zwölf Prozent zu Buche schlägt.
Die Kanaren sind Inseln der Monokulturen: Nach der kastilischen Eroberung wurde besonders auf Gran Canaria Zuckerrohr angepflanzt. Lanzarote und Fuerteventura galten zum selben Zeitpunkt als Kornkammern des Archipels. Zweiter wichtiger Zyklus war der Weinanbau, der sich in Lanzarote erst entwickelte, als er auf den anderen Inseln bereits im Rückgang begriffen war. Mitte des 19. Jahrhunderts wurde ein großer Teil der Inseln mit Feigenkakteen bepflanzt. Der Cochenille-Farbstoff entwickelte sich zum Exportartikel Nummer eins und stellte mit sechs Millionen Pfund Cochenille (1870) 80 Prozent des Gesamtexportvolumens dar.
Mit der Krise des Naturfarbstoffs entwickelte sich ein zweiter Zuckerrohrzyklus, und man begann mit der Pflanzung von Tabak, Bananen, Kartoffeln und Tomaten. Bananen, Tomaten, Gurken und Paprika werden auch jetzt noch in großen Mengen aufs spanische Festland, nach England oder Rotterdam verschifft. Heute ist der Tourismus die Haupteinnahmequelle. 1996 besuchten 2,6 Millionen Besucher Gran Canaria, 1,4 Millionen machten auf Lanzarote Urlaub und 0,9 Millionen verbrachten ihre Ferien auf Fuerteventura.

Kanarischer Ringkampf

Jeden Montag ist im Sportteil der kanarischen Tageszeitungen mindestens eine Seite der ›Lucha Canaria‹, dem Kanarischen Ringkampf, gewidmet. Ein Sport, der auf die Ureinwohner zurückgeht und sich noch heute großer Beliebtheit erfreut. Fast alle Orte besitzen ihr ›Terrero‹, eine runde Ringkampfarena, auf der so gut wie jedes Wochenende eine ›Luchada‹, ein Kampf, stattfindet, zu dem zwei Mannschaften, die aus jeweils zwölf Kämpfern bestehen, gegeneinander antreten.
Mit gespannten Muskeln, den Kopf zwischen den Armen des Rivalen versenkt, beginnt der Kampf, bei dem es darum geht, den Gegner so schnell wie möglich zu Boden zu werfen. Obwohl die meisten Kämpfer große und kräftige Männer sind, ist nicht die Körperfülle, sondern sind Geschicklichkeit und Schnelligkeit ausschlaggebend.
Die besten Kämpfer werden von ihren Fans ›Puntales‹, Spitzenkämpfer, oder ›Pollos‹, Kampfhähne, genannt. Der berühmte ›Pollo de Uga‹ ging als einer der bekanntesten Kämpfer in die Geschichte des Kanarischen Ringkampfs ein.
Die ›Lucha Canaria‹ ist jedoch ein Mannschaftssport. Viele Orte haben ihre eigene Ringkampfschule und Mannschaften, die je nach Erfolg in verschiedene Kategorien eingestuft werden. Zwischen den einzelnen Gemeinden und den verschiedenen Inseln werden Ligas ausgetragen, die in den Sportnachrichten ebenso ausführlich kommentiert werden wie die Ergebnisse der letzten Fußballspiele. Ein guter Kämpfer kann sich, zumindest an Popularität, mit seinen Fußballkollegen messen. Auch der Erlös ist beachtlich: Pro Kampfsaison werden für einen kampferprobten ›Puntal‹ 120 000 bis 150 000 Mark bezahlt.

Sportereignis Nummer eins ist die ›Lucha Canaria‹, der Kanarische Ringkampf. Hier ein Wettkampfbild aus Uga auf Lanzarote.

Kunst und Kultur

Obwohl die Kanarischen Inseln auf kulturellem Gebiet eng mit dem spanischen Festland verbunden sind, haben sie doch Einflüsse vom afrikanischen und amerikanischen Kontinent erfahren. Südamerikanisches Temperament und karibische Klänge prägen Volksfeste und Karnevalsfeiern. Die beste Gelegenheit, alten Traditionen zu begegnen, sind die Patronatsfeiern der einzelnen Ortschaften.
Folkloreveranstaltungen und Konzerte gibt es das ganze Jahr in Theatern, Konzertsälen, Kulturhäusern, auf Plätzen. Einen besonderen Namen hat sich Las Palmas' Theater Pérez Galdós gemacht, wo ständig verschiedene Konzertzyklen stattfinden. Berühmt ist auch Gran Canarias seit 1994 von Adrián Leaper geleitetes Philharmonisches Orchester, das sich zu einem der aktivsten Spaniens entwickelt hat.
In der bildenden Kunst verdienen der aus Gran Canaria stammende Jugendstilkünstler Néstor Martín Fernández de la Torre (1887–1938) und der in Arrecife auf Lanzarote geborene Maler, Planer und Architekt César Manrique (1919–1992) besondere Erwähnung. Vor allem Manrique prägte auf Schritt und Tritt seine Heimatinsel.

Traditionell sind die Patronatsfeste: Bootsprozession zur Fiesta de Nuestra Señora del Carmen in Morro Jable auf Fuerteventura.

Eine Attraktion von Las Palmas ist der Las-Canteras-Strand, wo der Karneval mit der ›Beerdigung der Sardine‹ alljährlich sein Ende findet.

Las Palmas, Hauptstadt mit vielen Gesichtern

Einst die Keimzelle des Gran-Canaria-Tourismus, ist die quirlige Hafenstadt Las Palmas heute wirtschaftlicher und kultureller Dreh- und Angelpunkt des gesamten Archipels. In der Faschingszeit füllen sich Straßen und Plätze mit heißen Rhythmen und überschäumender Festtagsfreude. Aber auch sonst bietet die gastfreundliche Inselhauptstadt mit ihrer malerischen Altstadt viel kulturelles Leben – im Theater, in Kunstzentren und Museen, unter freiem Himmel.

△ Las Palmas: Vor dem bunten Häusermeer von Los Riscos überragt die Kathedrale die Altstadt

△ Blick in einen der Innenhöfe vom Kolumbus-Museum

Routinierter Barbier in Vegueta ▽

△ Tauben und Spaziergänger machen Rast auf der Plaza ... ... vor der Kathedrale Santa Ana ▽

Manche finden sie wenig attraktiv, die Hauptstadt von Gran Canaria. Und in der Tat präsentiert sich Las Palmas in den Randbezirken – wie die meisten Großstädte – nicht von ihrer Schokoladenseite. Ganz anders, wenn man erst einmal das Zentrum erreicht hat, am besten per Bus, denn die öffentliche Verkehrsanbindung ist hervorragend, Parkplätze dagegen sind äußerst rar und kostenpflichtig.

Reizvolle historische Altstadt

In einem dichten Palmenhain am Ufer des Guiniguada gründete der kastilische Eroberer Juan Rejón im Juni 1478 eine erste Niederlassung: La Real Ciudad de las Palmas. Wenig später entstand die kleine Kapelle San Antonio Abad, die noch heute an der Plaza San Antonio Abad mitten im Altstadtbezirk La Vegueta steht. Die Siedlung wuchs in nördliche Richtung: Am anderen Ufer des Guiniguada entstand das Viertel Triana.
Besonders diese beiden historischen Stadtteile haben Kunstinteressierten und Stadtbummlern viel zu bieten. Nicht jede Großstadt kann mit einer so schönen Altstadt aufwarten: Gassen mit Kopfsteinpflaster, Plätze und Kirchen, Kolonialstilarchitektur und Jugendstilhäuser bilden ein harmonisches Ganzes, in dem Straßencafés immer wieder zur Rast einladen.

Sprungbrett nach Amerika

Die Gedenktafel am Kolumbus-Haus in Vegueta läßt keinen Widerspruch zu. Dreimal soll Christoph Kolumbus auf Gran Canaria Station gemacht haben: 1492, 1493 und 1502. In der kleinen Kirche San Antonio Abad hat der Eroberer angeblich für das Gelingen seines ersten Abenteuers gebetet. Ob Kolumbus tatsächlich auf Gran Canaria geweilt hat, geht aus seinem Bordtagebuch nicht eindeutig hervor, obwohl kanarische Geschichtsschreiber hartnäckig daran festhalten. Bewiesen ist aber, daß er in Las Palmas das Ruder der ›Pinto‹ reparieren und das Segelwerk der ›Niña‹ auswechseln ließ. Nach erneuter Proviantaufnahme auf La Gomera, brach er dann auf der ›Santa María‹ am 6. September 1492 zur Reise nach Indien auf,

Moderne Kunst im Centro Atlántico de Arte Moderno ▽

△ Beliebte Treffs in Las Palmas: Shopping-Straße Calle Mayor de Triana, ...

... Bar ›Bodegón‹ im Pueblo Canario ... ▽

... und der Café-Pavillon im Parque San Telmo ▽

△ Plaza de Cairasco mit dem Prachtbau des Gabinete Literario

Museo Néstor: ›Hochzeitsgedicht – Heirat des Prinzen Néstor‹ ▽

die ja bekanntlich die Überquerung des Atlantiks wurde. Auch wenn Kolumbus nie in der Casa de Colón genächtigt haben sollte, kann man dort eine ganze Menge über die Entdeckung der Neuen Welt und die Beziehungen zwischen den Kanarischen Inseln und Amerika lernen.

Umfassende Schönheitskur

Seit den Wahlen von 1996 sind die neuen Stadtväter der konservativen Partei ›Partido Popular‹ voller Elan mit der Aufwertung der Metropole beschäftigt. Dazu soll die Hauptstadt eine umfassende Schönheitskur erhalten. Zur Förderung des Kongreß- und Kulturtourismus wurde zunächst das 8500 Quadratmeter große Auditorium Alfredo Kraus mit zehn Sälen und einem Konzertsaal für knapp 1700 Zuschauer im Süden des Paseo de las Canteras fertiggestellt und am 5. Dezember 1997 im Beisein des Königs eingeweiht. Unter dem Motto ›Comparte un amor‹, eine Art Liebeserklärung an die Stadt, blickt man optimistisch in die Zukunft, und – da sind sich Bewohner und Besucher einig – spätestens auf den zweiten Blick ist Las Palmas eine liebenswerte Metropole.

Stadt mit rasantem Wachstum

Die Volkszählung 1928 ergab für Las Palmas eine Einwohnerzahl von 79 196 Personen. Seitdem hat sich diese Zahl verfünffacht, ist die Stadt aus allen Nähten geplatzt. Die Zuzügler kamen aus der ländlichen Inselmitte, von Fuerteventura und Lanzarote. In den fünfziger und sechziger Jahren fanden viele Arbeit in Wirtschaft und Verwaltung. Wohnraum entstand an der ersten Peripherie: Escaleritas, Schamann, San José und San Nicolás. Die Bevölkerung mit niedrigstem Einkommen lebt heute in der zweiten Peripherie, die einstige Dörfer wie Tamaraceite umschließt, in einigen Bezirken von Santa Catalina und im Südteil der Stadt, dem Cono Sur.
Inzwischen ist die Einwohnerzahl rückläufig. Und wer die hohen Mieten an der Avenida Marítima, um die Einkaufsmeile Mesa y López oder am Las Canteras-Strand nicht bezahlen kann oder will, zieht ins Grüne, nach Tafira Alta, Santa Brígida oder noch weiter bis nach Arucas.

△ Las Palmas: Zweimal in der Woche bietet das Pueblo Canario im Parque Doramas Folklore mit Tanz, Gesang … … und Musikanten ▽

△ Erste Festung auf Gran Canaria war das Ende des 15. Jahrhunderts erbaute Castillo de la Luz am heutigen Hafen von Las Palmas

△ Warenumschlagplatz Puerto de la Luz

Hochhäuser überragen Las Palmas' südlichen Fischervorort San Cristóbal ▽

Grüne Oase Parque Doramas

Wie ein Puffer wirkt die Ciudad Jardín mit dem Parque Doramas: Sie trennt die historischen Stadtviertel vom lebhaften Hafenbezirk. Das Traditionshotel ›Santa Catalina‹ lockt mit mehreren Bars, Restaurants und dem Spielkasino zu abendlicher Einkehr. In den Parkanlagen vor dem Hotel sitzen tagsüber Schulkinder und Liebespaare auf Bänken unter Palmen. Im benachbarten Pueblo Canario kann man kanarische Baustile studieren, das Museum Néstor besuchen oder in der Bodega leckere Kleinigkeiten, ›Tapas‹, essen. Zweimal wöchentlich zeigen kanarische Folkloregruppen hier ihr Können.

Puerto de la Luz: Tor zur Welt

Rund um den Parque Santa Catalina und am Puerto de la Luz zeigt sich das internationale Gesicht der Stadt. Ihre Lage begünstigte Gran Canarias Entwicklung zur wichtigen Station auf den Seerouten zwischen Europa, Afrika und Amerika. Als Schutzhafen ›Puerto del Refugio‹ wurde die weite windgeschützte Bucht nördlich von Las Palmas bezeichnet, über die seit 1494 das Castillo de la Luz, die erste Inselfestung, wachte. Dort sollte Ende des 19. Jahrhunderts endlich ein befestigter Hafen entstehen.

Noch als Jurastudent und Amateurjournalist schrieb der spätere Politiker und Diplomat Fernando León y Castillo 1863 in einem Zeitungsartikel: ›Der Puerto de la Luz muß sich, sobald die nötigen Bauarbeiten in Angriff genommen werden, in einen Hafen verwandeln, in dem Platz für eine unermeßlich große Zahl an Schiffen sein wird … Las Palmas muß dem Seehandel die Türen öffnen, die das Meer heute noch so trotzig verschlossen hält, und durch die morgen die Reichtümer und der Wohlstand einziehen werden. Der Tag, an dem in diesem schläfrigen, vom Wind gewellten Meer, hundert Flaggen wehen, wird ein großer Tag sein, vielleicht der größte in der Geschichte von Gran Canaria.‹

Der Bau der Hafenanlagen wurde 1883 nach den Plänen seines Bruders Juan, dem Ingenieur, begonnen. Und Fernando sollte recht behalten:

Einen farbenprächtigen Anblick bietet auch das ›Gefolge‹ ▽

△ Karneval von Las Palmas: Prachtvolle Kostüme und heiße Rhythmen geben beim ›Großen Umzug‹ den Ton an

Zentrum des Narrentreibens ist die Bühne des Parque Santa Catalina ▽

△ Beim ›Großen Umzug‹ ist ganz Las Palmas auf den Beinen

Die ›Beerdigung der Sardine‹ an der Playa de las Canteras ▽

Heute ist der Puerto de la Luz, an dessen Kais jährlich rund 11000 Schiffe festmachen und mehr als sieben Millionen Tonnen Güter verladen werden, einer der bedeutendsten Häfen Spaniens.

Bodybuilding für den Karneval

Der Hafenbezirk zwischen Puerto de la Luz und Las-Canteras-Strand ist nicht nur die pulsierende Wirtschaftsader der Stadt, sondern auch Vergnügungsviertel Nummer eins, vor allem beim Karneval. Regelmäßig Anfang Januar melden sich zierliche junge Damen im Gymnastikstudio zum Bodybuilding an: Muskeltraining ist obligatorisch, um im Februar mit beschwingter Leichtigkeit die kiloschweren Karnevalskostüme über die Bühne des Parque Santa Catalina zu balancieren, die zahlungskräftige Sponsoren finanziert und bekannte Modeschöpfer entworfen haben. Diese Kreationen können gut und gerne 2,5 Millionen Peseten, also 30 000 Mark, kosten. Zur Karnevalskönigin wird dann gekürt, wer das spektakulärste Kostüm präsentiert.

Ein brodelnder Hexenkessel

Drei Wochen dauert die Faschingszeit. Wer bei jedem Festakt dabeisein will, kommt ganz schön in Terminschwierigkeiten. Täglich gibt es Programm: Murgas, Gesangsgruppen, tragen satirische Lieder vor, buntgeschmückte Kutschen rollen vorüber und ausgelassene Comparsas, Musik- und Tanzgruppen, ziehen zu Rumba-, Samba-, Merengue-Klängen durch die Straßen. Junge Mädchen mit glitzernden Tangas, ältere Damen mit üppigen Federboas und jede Menge Männer mit falschem Busen und behaarten Beinen machen die Nacht zum Tag.
Ganz Las Palmas ist dabei, wenn sich die Stadt im Schatten der Vulkankegel der Isleta-Halbinsel bei den Mogollones, Musik- und Tanzveranstaltungen, in einen brodelnden Hexenkessel verwandelt. Die paar Touristen aus Maspalomas fallen da kaum ins Gewicht. Die feiern im März sowieso ihren eigenen Karneval, und in den Touristenhochburgen an der Costa Canaria ist ja bekanntlich das ganze Jahr über Kirmes und Narrentreiben in einem.

Las Palmas
Puerto
Puerto de la Luz
Castillo de la Luz
Bahia del Confital
La Barra
Playa de las Canteras
Santa Catalina
Alcaravaneras
Club Náutico
Estadio Insular
Ciudad Jardín
Parque Doramas
Escaleritas
Cementerio
Jardines Buenavista
Lugo
Alta Vista
Parque Hermanos Millares
Plaza del Castillo
Schamann
San Antonio
Universidad Internacional
Plaza de la Feria
Arenales
Estación de Guaguas (Autobuses)
Triana
Teatro
Mercado de Las Palmas
Castillo de San Francisco
Catedral de Santa Ana
Ayuntamiento
Museo Canario
Vegueta
Palacio de Jus
Pl. Nuestra Señora del Pino
Plaza Aviador Gardnier
Plaza América
Mercado
Playa d. las Alcaravaneras
Avenida Marítima del Norte
Avenida Marítima
Avenida Marítima del Sur
Paseo de Chil
Paseo de S. Antonio
Carretera de Mata
Carretera d. Chile
Camino Real del Castillo
Avenida de Escaleritas
Avenida de Mesa y López
Avda. de Mesa y López
Fernando Guanarteme
León y Castillo
Pedro Infinito
Avenida en Proyecto
Av. Rafael Cabrera
Mayor de Triana
1
2
3
4
5
6
7
8
9
10
11
12
13
14
15
16
17
18
19

Wo gibt es was?

Nadelnummer = Textnummer ⓘ = Auskunft

Las Palmas

Gran Canarias Hauptstadt (400 000 Ew.), Verwaltungssitz der Provinz Las Palmas, ist die größte Stadt der Kanaren.

Puerto de la Luz ①–②

Erste Inselfestung (1494) war das **Castillo de la Luz** ①, das über den ab 1883 gebauten Hafen **Puerto de la Luz** ② wacht. Linienverkehr mit Autofähren oder Schnellbooten nach Morro Jable und Puerto del Rosario auf Fuerteventura, Arrecife auf Lanzarote sowie Santa Cruz de Tenerife.

Playa de las Canteras ③

Der Stadtstrand (über 3 km), der sich mit der Blauen Flagge der EU ziert, wird von dem Kalksteinriff La Barra geschützt. Die Promenade säumen Restaurants, Cafés und Palmeninseln mit gekachelten Bänken.

Santa Catalina ④–⑥

Mittelpunkt des Viertels Santa Catalina ist der Park **Parque Santa Catalina** ④, wo die ältere Generation bei Domino- und Kartenspiel den Tag verbringt. Um die Ecke bietet das Kunstzentrum **Centro de Arte La Regenta** ⑤, Calle León y Castillo 427, Wechselausstellungen (mo–fr 11–13 u. 18–21, sa 11–13 Uhr). Bereits in dem Viertel Alcaravaneras liegt die Markthalle **Mercado Central** ⑥ (mo–sa 8–14 Uhr).

Ciudad Jardín ⑦

Im Park **Parque Doramas** in der Ciudad Jardín beeindruckt Manuel Béthencourts Bronzegruppe Atis Tirma (1981). In den Anlagen vor dem *Traditionshotel ›Santa Catalina‹* laden Bänke zur Rast unter Palmen ein. Im *Pueblo Canario*, einem Touristendorf im pseudokanarischen Stil, findet man Restaurants, Kunstgewerbegeschäfte und das **Museo Néstor** (siehe Museen).

Triana ⑧–⑬

Der Platz **Parque San Telmo** ⑧ im Norden des Altstadtviertels Triana liegt am Ende der *Calle Mayor de Triana* mit ihren attraktiven Jugendstilfassaden, besonders Nr. 76 und 82. Dem Schutzpatron der Fischer ist die *Kapelle San Telmo* mit schöner Mudéjar-Decke geweiht, zur Einkehr lädt der *Café-Pavillon ›Quiosco‹* ein.
In einem typischen **Wohnhaus** aus dem 18. Jh., Calle Cano 6, wurde 1843 der spanische Schriftsteller **Benito Pérez Galdós** ⑨ geboren. Sein Domizil bis 1862 ist heute Museum (siehe Museen).
In dem nach dem Literaten benannten altehrwürdigen Stadttheater **Teatro Pérez Galdós** ⑩ (1918 Neubau durch Miguel Martín Fernández de la Torre, Innenausstattung von dessen Bruder Néstor) stehen Schauspiel, Oper und Operette auf dem Programm.
An der **Plaza de Cairasco** ⑪ liegen das beliebte Straßencafé vom *Hotel ›Madrid‹* und der Prachtbau des *Gabinete Literario*, seit dem 19. Jh. Kulturtreffpunkt mit Ausstellungen, Vorträgen, Dichterlesungen.
An der Alameda de Colón steht die Kirche **San Francisco Asis** ⑫. 1518 begonnen, 1599 zerstört, wurde sie im 17. Jh. von den Franziskanern wiederaufgebaut. Den Vorplatz ziert eine Büste zu Ehren Kolumbus'. Gegenüber finden im Kulturzentrum der Kanarischen Sparkasse **Centro de Iniciativas Culturales de la Caja de Canarias** ⑬, Alameda de Colón 2, regelmäßig Konzerte, Theater, Vorträge statt.

Vegueta ⑭–⑲

Im Altstadtbezirk Vegueta, der Keimzelle von Las Palmas, stehen die schönsten Stadtpaläste mit kunstvoll geschnitzten Fenstern und Holzbalkonen. Um die **Plaza de Santa Ana** ⑭ liegen der Bischofspalast *Palacio Episcopal*, das Haus der Statthalter *Casa Regental* und das *Rathaus*. Die schwarzen Bronzehunde spielen an auf die Namensgebung der Kanarischen Inseln (von lat. canis = Hund).
Die **Kathedrale Santa Ana** ⑮ (1497/1570, Fassade 19. Jh., Türme Anf. 20. Jh.) ist der Schutzpatronin der Stadt geweiht. Ihre prachtvollen Gemälde kanarischer Künstler (17./18. Jh.), die Skulpturen von Luján Pérez (1756–1815), das Denkmal für den Historiker José de Viera y Clavijo und das Grab des Politikers Fernando León y Castillo (1842–1918) sind wegen Restaurierungsarbeiten für längere Zeit allerdings nicht zu besichtigen (Stand: 1997).
Angeschlossen ist das Diözesanmuseum **Museo Diocesano de Arte Sacro**, Calle Espíritu Santo 20, das man durch einen Orangenhof (17. Jh.) betritt, um den sich die Säle gruppieren (siehe Museen).
Hinter der Fassade eines herrschaftlichen Wohnhauses (18. Jh.), Calle de los Balcones 9–11, gestaltete der Architekt Francisco Sáenz de Oíza das 1989 eröffnete Atlantische Zentrum für Moderne Kunst **Centro Atlántico de Arte Moderno** ⑯ (siehe Museen).
In dem mit reichgeschmückten Portalen und schönen Innenhöfen ausgestatteten Komplex der **Casa de Colón** ⑰, Calle Colón 1, residierten einst die spanischen Gouverneure. 1927 wurde hier Alfredo Kraus, der berühmte Operntenor, geboren. Heute beherbergt das Haus ein Museum über Christoph Kolumbus (siehe Museen).
Die benachbarte Kirche **San Antonio Abad** ⑱, Plaza San Antonio Abad, entstand kurz nach der Stadtgründung.
Südlich liegt das Kanarische Museum **Museo Canario** ⑲, Calle Doctor Chil 25, (siehe Museen).

Museen

Museo Néstor ⑦: Bilder, u.a. die berühmte Serie ›Poema de la Mar‹, Porträts, Skizzen, Kleiderentwürfe von Néstor Martín Fernández de la Torre (1887–1938), dem vielseitigen kanarischen Jugendstilkünstler (di–fr 10–13 u. 16–20, so 11–14 Uhr).
Museo Pérez Galdós ⑨: Möbel, Erinnerungsstücke, Zeichnungen des Literaten, Bibliothek (Führungen in Spanisch und Englisch stdl. mo–fr 9–13 u. 16–20 Uhr).
Museo Diocesano de Arte Sacro ⑮: Gemälde, Goldschmiedearbeiten, religiöse Gewänder, alte Möbel, kunstvolle Schnitzfiguren; herausragend ist der Kapitelsaal (18. Jh.) mit seinem herrlichen Bodenmosaik (mo–fr 10–17, sa 9–13.30 Uhr).
Centro Atlántico de Arte Moderno ⑯: Moderne spanische und kanarische Kunst auf vier Etagen (3682 qm) sowie Wechselausstellungen; große Dokumenten-/Kunst-Bibliothek (di–sa 10–21, so 10–14 Uhr).
Casa de Colón ⑰: 12 Säle mit Seekarten, nautischen Instrumenten, Schiffsmodellen, Nachbildung der Kajüte der ›Niña‹; im Keller archäologische Funde und präkolumbische Kunst aus Mittelamerika (mo–fr 9–18, sa–so 9–15 Uhr).
Museo Canario ⑲: Große Archäologie- und Vorgeschichtssammlung mit Idolo de Tara, Rekonstruktion der Höhle Cueva Pintada/Gáldar, Mumiensaal mit über 1000 Totenschädeln; alte Landkarten; alle Inselgesteine; Bibliothek mit ca. 50 000 Dokumenten (mo–fr 10–17, sa/so 10–14 Uhr).

Shopping & Nightlife

Shopping: Boutiquen in der Calle Mayor de Triana, elegante Geschäfte und Warenhäuser in der Avenida de Mesa y López.
Nachtbars/Diskos: Die meisten Nachtlokale findet man in Santa Catalina. Beliebte Treffs sind: Bar ›Bodegón‹ im Pueblo Canario; Spielkasino im Hotel ›Santa Catalina‹; Jazz-Live-Lokal ›Toca Toca‹, Calle Secretario Artilles; Disko ›Pacha‹, Calle León y Castillo 427, mit heißer Musik nach Mitternacht; Disko ›Utopia‹, Calle Tomás Miller, für jedes Alter. Auch viele große Hotels haben ihre eigene Disko oder Pianobar.

Veranstaltungen

Platzkonzert, Plaza Santa Catalina (so 12 Uhr); Folklore, Pueblo Canario im Parque Doramas (do 17.30, so 11 Uhr); Karneval (Febr.); Festival de Música de Canarias, Klassische Musik (Jan./Febr.); Opernfestival (April); Feria Internacional de Canarias, Messe (April); Stadtgründungsjubiläum (24. Juni); Corpus Christi (Juni); Gitarrenfestival (Nov.); Int. Musikfestival ›Womad‹ (Nov. zweijährlich, nächstes 1998).
ⓘ Oficina de Turismo (mo–fr 9–14 Uhr), Parque Santa Catalina,
E-35007 Las Palmas.

Maßstab 1:20.000
0 200 400 600 800 1.000 m

Zwischen den Küstensiedlungen und dem gebirgigen Hinterland liegen Bananenplantagen – so weit das Auge reicht.

Abwechslungsreich – Gran Canarias Norden

Gran Canarias vom feuchten Passatwind erfaßter Norden hat viele Gesichter: Kleine Fischersiedlungen prägen die Küste, historische Städte mit prachtvollen Kirchen und Bauten der Kolonialherren das Hinterland. Auf sanft gewellten Hügeln wiegen sich windzerzauste Bananenstauden, weiden Schafe. Eindrucksvoll sind die Siedlungsreste der Ureinwohner, botanisch interessant der Lorbeerwald bei Moya und der Jardín Canario bei Tafira. Ausgelassen geht's in Agaete zu, bei der Fiesta de la Rama im August.

△ Arucas: Zentrum des Bananenanbaus ... ... mit seiner neugotischen ›Kathedrale‹ aus Lava ▽

Mittelpunkt von Arucas ist die Plaza de la Constitución mit dem Rathaus ▽

△ Eindrucksvoller Blick auf den Kratergrund der Caldera de Bandama bei Tafira

Idyllisch: Teldes Altstadtviertel San Francisco ▽

Von den Kanariern haben die Europäer gelernt, daß man auch winters frische Feldfrüchte essen kann‹, sagen die kanarischen Obstbauern und Gemüseexporteure, die von Oktober bis Mai Tomaten, Gurken, Paprika und Avocados nach Europa versenden. Jede Woche verlassen sechs große Frachtschiffe die Häfen von Santa Cruz de Tenerife und Las Palmas de Gran Canaria. 1996 wurden über 400 000 Tonnen Frischgemüse exportiert. Auf Gran Canaria arbeiten rund 25 000 Personen in der Landwirtschaft – von 50 000 auf den Kanarischen Inseln insgesamt.

Gartengemüse wie Tomaten und Gurken gedeihen vor allem auf den Plantagen im Südosten – Vecindario, Santa Lucía, San Bartolomé – und im Westen bei San Nicolás de Tolentino. Die meisten Bananenplantagen sind dagegen im Norden zu finden, rund um Arucas, Agaete und Gáldar.

100 Jahre Rum aus Arucas

Gran Canaria war die erste der Kanarischen Inseln, auf der Gouverneur Pedro de Vera das Zuckerrohr einführte. Es kam aus Madeira, und die erste Zuckermühle stand in Las Palmas am Ufer des Guiniguada. Weiter südlich gab es große Zuckerplantagen in Telde, und der Stadtname Ingenio erinnert ebenso an die hohe Zeit des Zuckerrohrs wie die Rumfabrik Arehucas in Arucas.

Es ist eine der ältesten und renommiertesten Brennereien Spaniens, in der noch heute täglich über 70 000 Flaschen abgefüllt werden. Der Rum reift in 400-Liter-Fässern aus amerikanischer Eiche, auf denen Schulklassen, Fußballclubs und Prominente wie Alfredo Kraus, Willy Brandt oder Julio Iglesias Zeichnungen und Widmungen hinterlassen haben. Und in dem kleinen Rummuseum erzählen Briefe und Auszeichnungen aus der über hundertjährigen Geschichte der Rumfabrik.

Architektur der Kolonialzeit

So als wollten sie die Nachbarhäuser beschießen oder harmlose Spaziergänger bedrohen, muten die Wasserspeier, die ›Gárgolas‹, an, die man an vielen traditionellen Wohnhäusern Gran Canarias findet. Tatsächlich sollte man an Regentagen

△ Calle del Pino in Teror: Reiche Holzschnitzarbeiten zieren Fenster, Türen und Balkone der Bürgerhäuser

Blickfang sind die Wasserspeier von Terors Kirche Virgen del Pino ▽

△ Selbstverständlicher Treffpunkt zum abendlichen Plausch sind die zahlreichen Plätze im Ortszentrum von Teror

Alte Limousine in Terors Casa-Museo de los Patrones de la Virgen ▽

△ Teror: schmuckes Städtchen in fruchtbarem Tal, ... wo man Gran Canarias Schutzpatronin, die Jungfrau der Kiefer, verehrt ▽

gebührenden Abstand zu den vorkragenden Speiröhren halten.
Aus einiger Entfernung lassen sich auch am besten die Schmuckformen der Kolonialarchitektur bewundern: kunstvoll geschnitzte Holzbalkone, die den Wohlstand der Hausbesitzer symbolisierten, komplizierte Fenster mit filigranem Gitterwerk und zahlreichen Luken, die sich wahlweise einzeln öffnen lassen. Die tadellos gestrichenen Fassaden sind am Rand oft mit schwarzen Vulkansteinblökken abgesetzt.

Wohnen um stille Innenhöfe

Durch die ebenfalls von dunklem Stein gefaßten Portale tritt man in stille Innenhöfe, in denen Springbrunnen murmeln, Grünpflanzen, Blumen, ja sogar Palmen wachsen. Eine breite Treppe führt auf die im ersten Stock gelegene umlaufende Holzbalustrade, die Zugang zu den Wohnräumen gewährt. Die edlen Hölzer der Kanarischen Kiefer oder des Lorbeerbaums, deren Bestände durch den Haus- und Schiffsbau seit dem 15. Jahrhundert fast erschöpft sind, benutzte man auch für die prachtvolle Deckenverkleidung der kanarischen Gotteshäuser. Die schönsten Beispiele für die Kolonialarchitektur sind in der Altstadt von Las Palmas und in den Städten Guía, Telde und Teror zu finden.

Die Tannenwälder von Gáldar

Wer sich in Maspalomas auf der Sonnenliege aalt, vermutet nicht, daß es zur selben Zeit im Inselnorden feucht und kühl sein kann. Schuld ist der Passatwind, der dort der Vegetation zugute kommt. In seinen bewaldeten Bergregionen erreichen die Niederschlagsmengen Höchstwerte.
Und wer vom Flughafen durch die steinwüstenartigen östlichen Landstriche zur Südküste fährt, kann sich kaum vorstellen, daß einst ganz Gran Canaria mit dichten Laub- und Nadelwäldern überzogen war. Der Piñar de Tamadaba, die Tannenwälder an den Bergflanken von Gáldar, erinnern an jene Zeit. Dort wächst die Kanarische Kiefer, Pinus canariensis, deren Bestand durch Aufforstung langsam wieder zunimmt.
Weniger als ein Prozent sind dagegen von dem einst großen Lorbeer-

△ Gáldar: Stadt an markantem Vulkan mit der Büste von dem letzten Guanchenkönig im Rathaushof ▽

›Queso de Flor‹ heißt der delikate Schafskäse aus Santa Maria de Guia bei Gáldar, ... ▽

… der zusammen mit anderen Köstlichkeiten in dem kleinen Käseladen von Santiago Gil Romero verkauft wird ▽

Cenobio de Valerón bei Santa Maria de Guia de Gran Canaria: In über 300 kleinen Felshöhlen lagerten die Altkanarier ihr Korn ▽

wald übrig. Letzte Reste haben im feuchten Barranco bei Moya in der Schutzzone Bosque de Laurisilva de los Tilos de Moya ihr Refugium gefunden.
Ein weiteres, vom Aussterben bedrohtes Kleinod der kanarischen Pflanzenwelt ist der Drachenbaum. Der zur Familie der Liliengewächse gehörende Baum war den Ureinwohnern heilig, die seinen Saft als Färbe- und Heilmittel verwendeten. Eines der schönsten Exemplare dieses struppigen Gesellen ist der fast dreihundert Jahre alte Drago im Innenhof des Rathauses von Gáldar.

Berühmt: Blütenkäse aus Guía

Jedes Jahr im Mai findet das Käsefest ›Fiesta del Queso‹ von Santa María de Guía statt, und auch sonst dreht sich in der Kleinstadt alles um den berühmten ›Queso de Flor‹, den Blütenkäse. Auf fruchtbaren Weiden oberhalb des Ortes grasen die Schafherden, deren Milch zur Herstellung der Käsespezialität verwendet wird, im Stadtzentrum ehrt ein Denkmal die Käsemacherinnen, denen man viel Fingerfertigkeit und Feingefühl beim Käsekneten nachsagt.
Bei Santiago Gil Romero kann man den delikaten Schafskäse probieren und kaufen. Der urige alte Käseladen in der Straße Marqués del Muni 34 mit seinem wortgewandten Besitzer ist fast so etwas wie ein Käsemuseum, und für Santiago ist der Blütenkäse aus seiner Heimatstadt eine Wissenschaft für sich. Besucher erfahren dort, daß die Schafsmilch mit einem geringen Anteil an Kuhmilch gemischt und durch den Saft der Blüte des Cardo, einer wilden Artischocke, zum Gerinnen gebracht wird. Dadurch erhält der Blütenkäse nicht nur den Namen, sondern auch den außergewöhnlichen Geschmack.

Viele Spuren der Altkanarier

Überall auf Gran Canaria haben die Altkanarier Spuren hinterlassen. Trotzdem haben die Wissenschaftler die Herkunft der ersten Inselbewohner nicht klären können. ›Tamarán‹ nannten die Ureinwohner die Insel, die in die beiden Herrschaftsgebiete Telde und Gáldar aufgeteilt und von je einem ›Guanarteme‹ regiert wurde.

△ San Pedro im fruchtbaren Tal ›El Valle‹ von Agaete

Riesenköpfe aus Pappmaché, zweigwedelnde Massen ... ▽

... und Blasmusik gehören zur Fiesta de la Rama von Agaete ▽

△ Die Kapelle von Puerto de las Nieves

Fiesta de la Rama: Fest mit Umarmumg ▽

Die Altkanarier lebten in Steinhütten oder Höhlen, benutzten Werkzeuge aus Basalt- oder Obsidiangestein und fertigten einfache Keramikgefässe und Kultgegenstände wie Idole und druckstockähnliche Stempel an. Besondere Sorgfalt galt ihren Toten. Sie wurden gewaschen, eingefettet, in der Sonne getrocknet, in Häute oder pflanzliche Hüllen gewickelt und dann in Höhlen verwahrt. Nicht mumifizierte Körper bestattete man in Steinkistengräbern oder Grabhügeln.

Höhlen der Ureinwohner

Im Nordosten der Insel finden sich viele Kulturzeugen der Altkanarier, wie die Cueva Pintada in Gáldar, deren Alter auf rund 2000 Jahre geschätzt wird. Die zirka drei Meter hohe, mit geometrischen roten, schwarzen und weißen Farbstrichen versehene Höhle gilt als bestes Beispiel kanarischer Höhlenmalerei. Eine der beeindruckendsten Totenstädte Gran Canarias ist La Guancha nahe der Küste. In einem Grabhügel fand man rund 43 Skelette, die um die 900 Jahre alt sind.
Interessant sind auch die Agadires, Getreidespeicher, von Cenobio de Valerón: eine Höhlenwand, deren rötlicher Tuffstein wie ein Schweizer Käse von über 300 Kammern durchlöchert ist. Auf den vier Eingängen zu einem großen Raum beruht der Name der Kultstätte Cuatro Puertas südlich von Telde. Das weitläufige Höhlenensemble auf der anderen Hügelseite diente einst als Wohnstätte und wieder als Getreidespeicher.

Fiesta de la Rama in Agaete

Am 4. August, wenn in Agaete das Fest des Zweiges gefeiert wird, ist es mit der Ruhe vorbei: Musikkapellen und überlebensgroße Pappmaché-Figuren begleiten eine ausgelassene Menschenmenge, die in erhobenen Händen getrocknete Zweige schwenkend durch die Gassen zieht. ›Agua, agua, agüita‹ – Wasser, Wasser, etwas Wasser, rufen die Canarios und erhalten prompt eine Dusche vom nächsten Balkon. Nicht nur das Wasser, auch der Alkohol fließt in Strömen. Am Nachmittag geht's zum Hafen, wo mit den Zweigen aufs Wasser geschlagen wird. Ein Brauch, der noch von den Altkanariern stammt.

Gran Canaria
La Isleta
Santa Cruz (La Palma), Valverde (Hierro)
Santa Cruz (Tenerife), Cádiz
Fuerteventura, Lanzarote
LAS PALMAS
DE GRAN CANARIA
PUERTO DE LA LUZ
LA ISLETA
Playa de las Canteras
Castillo de la Luz
Casa del Turismo
Parque Doramas
Casa de Colón
Museo Canario
VEGUETA
Castillo de S. Cristóbal
ESCALERITAS
SCHAMANN
Tamaraceite
Tafira Baja
Tafira
Tafira Alta
Monte
Caldera de Bandama
Jardín Canario
Marzagán
Santa Brígida
Vega de San Mateo
TELDE
San Juan Bautista
Valsequillo de Gran Canaria
Ingenio
Aeropuerto de Gran Canaria (Gando)
Ruinas Históricas (Tagoror)
Melenara
Playa de Melenara
Playa de Salinetas
ARUCAS
Mar de plataneras
Catedral
Panorama
Cardones
Firgas
Moya
Teror
Valleseco
Santa María de Guía de Gran Canaria
Cenobio de Valerón
El Arco
La Atalaya
Gáldar
El Drago
La Guancha (Ruinas Históricas)
Sardina
Agaete
Puerto de las Nieves
Dedo de Dios
Cueva de las Cruces
Los Berrazales
Pinar de Tamadaba
Tamadaba
Artenara
La Silla
Cruz de Tejeda
Tejeda
Roque Bentaiga
Roque Nublo
Pico de las Nieves
San Bartolomé
Las Candelillas
San Nicolás de Tolentino
Mirador de Balcón
Andén verde
El Saucillo
Montaña Altavista
Los Hoyetes
Inagua
Montaña de las Monjas
Montaña de la Fuente
Montaña de Sándara
Morro de Pajonales
Tasarte
Punta de Sardina
Punta de Gáldar
Punta de Guanarteme
Punta del Cardonal
Punta de Góngora
Punta del Manso
Bajas del Cabo
Playa del Risco
Playa de Guayedra
Playa de San Felipe
Bahía del Confital
Playa de la Laja
Playa de Tufia

Wo gibt es was?

Fähnchennummer = Textnummer ℹ = Auskunft

Agaete ①

Der Name des freundlichen Orts am Rand des fruchtbaren Tals El Valle soll auf das altkanarische Gayete, Land des Westens, zurückgehen. Der Ort gehörte zum Guanarteme von Gáldar. Nach der Eroberung ließ der kastilische Gouverneur 1481 eine Festung errichten. Das ganze Gebiet zwischen Gáldar und Agaete diente anfangs dem Zuckerrohranbau, im 19. Jh. der Cochenillezucht. Mit dem Niedergang dieser Monokulturen blieb vielen Einwohnern nur der Weg in die Emigration.

Sehenswert sind die Wohnhäuser mit Holzbalkons, die sich rund um die Pfarrkirche Nuestra Señora de La Concepción (19. Jh.) gruppieren. Ruheoasen sind der schattige Kirchvorplatz und der Botanische Garten Huerta de las Flores, Eingang neben der Bibliothek, der mit Skulpturen und Gedichten geschmückt ist.

In dem zum Gemeindegebiet gehörigen zauberhaften Fischerort *Puerto de las Nieves* besitzt die Kapelle Nuestra Señora de las Nieves (16. Jh.; Schlüssel im Haus Nr. 2 schräg gegenüber) ein Thriptychon des flämischen Malers Joos van Cleve (1485–1540), eine bunte Mudéjar-Holzdecke und zahlreiche Schiffsmodelle als Exvotos. An der schönen Hafenpromenade wechseln alte Fischerkaten mit stilvoller moderner Ferienarchitektur. Von der alten Mole sieht man den Basaltmonolith Dedo de Dios, Finger Gottes, steil aus dem Meer ragen. Er gilt als Wahrzeichen der Insel.

Aktivitäten: Esel- und Kamelverleih im Ortszentrum (sa/so).

Autofähre nach Santa Cruz de Tenerife (Fred. Olsen Line 4mal tgl.).

Veranstaltung: Fiesta de la Rama mit Prozession zu Ehren Nuestra Señora de las Nieves (4. Aug.)

Umgebung: Lohnende Fahrt durch das Apfelsinen-Tal El Valle zum einstigen Thermalbad des Weilers *Los Berrazales* (8 km südöstl.). Aussichtspunkt *Mirador de Balcón* (25 km südl.) mit Blick auf schwarze Vulkanketten, die in den Atlantik stürzen.

Gáldar ②

In der Küstenstadt (22 000 Ew.), einstmals altkanarische Hauptstadt, an den Flanken des gleichnamigen Vulkans sind noch heute Landwirtschaft, Viehzucht und Kunsthandwerk von großer Bedeutung.

Sehenswürdigkeiten: Die Denkmäler der Prinzessin Guayarmina am Ortseingang und des letzten Guanarteme Tenesor Semidan im Zentrum ehren die Altkanarier. Die Kirche Santiago de los Caballeros (18. Jh.) birgt die Pila Verde, das grüne Taufbecken, in dem die Ureinwohner getauft wurden. Im Innenhof des Rathauses steht ein alter Drachenbaum (1712). Berühmt ist die altkanarische Höhle Cueva Pintada, (wegen mehrjähriger Restaurierung geschlossen, Stand: Nov. 1997; Reproduktion im Museo Canario von Las Palmas).

Museum: Dem hier geborenen Maler Antonio Padrón (1920–1968) gilt das gleichnamige Museum, Calle Drago 2 (mo–fr 8–14, Winter bis 15 Uhr).

Veranstaltungen: Wallfahrt zu Ehren von San Isidro (15. Mai); Prozession und Patronatsfest zu Ehren von Santiago de los Caballeros (25. Juli).

Umgebung: Archäologische Ausgrabung *La Guancha* (2 km nördl., ausgeschildert) mit Wohnstrukturen und Nekropole der Altkanarier. Tierpark *Reptilandia*, Crta. General del Norte, km 31, San Isidro El Viejo, am Hang der Montaña Almagro (2 km westl.) mit Terrarien mit über 500 Tieren von etwa 150 Arten (tgl. 11–17.30 Uhr).

ℹ Oficina de Turismo, Calle Faican Aitami 19, E-35460 Gáldar.

Santa María de Guía ③

Das beschauliche Städtchen (12 500 Ew.) ist berühmt für sein Kunsthandwerk, darunter die typischen Bananenmesser, und seinen Blütenkäse Queso de Flor de Guía.

Sehenswert ist die dreischiffige Kirche Santa María de Guía (17. Jh.) im Zentrum. Ihre Fassade (Mitte 18. Jh. vollendet) wie Hochaltar und Skulptur der Virgen de las Mercedes schuf Luján Pérez (1756–1815) aus Guía. Die Orgel weihte 1900 der Komponist Camille Saint-Saëns (Paris 1835–Algier 1921) ein, der eine Zeitlang hier lebte.

Veranstaltung: Käsefest Fiesta del Queso de Flor (Mai); Marienprozession (15. Aug.).

Umgebung: Altkanarisches Getreidelager *Cenobio de Valerón* (2 km östl., Abzweig Cuesta de Silva, tgl. 10–13 u. 15– 17 Uhr).

Arucas ④

Die Stadt (310 m; 30 000 Ew.) inmitten von Bananenplantagen ist die drittgrößte Gemeinde der Insel. Um 1480 starb hier der letzte Altkanarierkönig Doramas. Die Neusiedler bauten Zuckerrohr, im 18. Jh. Wein, im 19. Jh. Cochenille an.

Sehenswürdigkeiten: In Amerika reich gewordene Auswanderer bauten um 1900 prachtvolle Wohnhäuser und gaben die Kirche San Juan Bautista (ab 1909) im Herzen der Altstadt in Auftrag, die wegen ihrer Größe auch Kathedrale genannt wird. Die Hauptstraße Calle Gourié führt zur Plaza de la Constitución mit Rathaus, Markthalle und Eingang zum Stadtpark.

Museum u. Fabrik: Städtisches Museum ist das Palais der Rumfabrikgründer Gourié im Stadtpark (mo–sa 10–13 u. 17–20, so 10–13 Uhr). Die Rumfabrik am Stadtrand bietet Führungen, Proben, Verkauf.

Veranstaltungen: Patronatsfest zu Ehren des hl. Johannes des Täufers (24. Juni); Corpus Christi (Juni).

Umgebung: Aussichtspunkt/Restaurant *Montaña de Arucas* (402 m, 1 km nördl.).

Teror ⑤

Die Kleinstadt (543 m; 10 500 Ew.) ist ein Kleinod der Kolonialarchitektur und das religiöse Zentrum der Insel.

Sehenswert ist die Pfarrkirche, Plaza de Pio XII., in der Gran Canarias Schutzpatronin Virgen del Piño, Jungfrau der Kiefer, verehrt wird. Hinter der Kirche stehen Rathaus sowie Bischofspalast mit Bibliothek, Ausstellungssälen, Rosengarten. Auf der nahen Plaza Teresa de Bolivar erinnert eine Büste an den aus Teror stammenden Simón Bolivar. Selbstgebackene Leckereien verkaufen die Nonnen im Monasterio del Císter, Calle Alcázar de Toledo 24.

Museum: Das Museum der Patronatsherren der Jungfrau Casa-Museo de los Patronos de la Virgen am Kirchplatz birgt u.a. Möbel, Gemälde, alte Kutschen und Aquarelle des deutschen Malers Georg Hedrich (mo–sa 11–18, so 10–14 Uhr).

Veranstaltungen: Kiefernjungfrau-Wallfahrt (8. Sept.); Rancho de Animas (Nov.).

Tafira ⑥

Nördlich von Tafira Alta liegt der weitläufige Botanische Garten *Jardín Canario*. Im Talgrund des Barrancos del Guiniguada wachsen Kanarische Kiefern, Drachenbäume, Palmen, Kakteen, ein kleiner Lorbeerwald und andere endemische Pflanzen (tgl. 9–18 Uhr). Südlich bietet sich vom Vulkan *Pico de Bandama* (569 m) mit seinem einsamen Bauernhof am Kratergrund ein herrlicher Rundblick.

Telde ⑦

Die zweitgrößte Inselstadt (80 000 Ew.) ist ein wichtiges Landwirtschaftszentrum. Vor Kastiliens Eroberung war sie Hauptstadt eines der zwei altkanarischen Königreiche.

Sehenswert sind die historischen Viertel San Francisco, für die Handwerker, und San Juan, für den Adel. San Franciscos Pfarrkirche (17. Jh.) wurde auf den Fundamenten der Kapelle Sta. María de la Antigua errichtet. Herausragend in der Kirche San Juan Bautista (16. Jh.) sind der vergoldete Aufsatz und der ›Heilige Christus von Telde‹ aus Maiskolben auf dem Hochaltar. Hinter der Kirche steht der Palast der Grafen de la Vega Grande, der größten Landbesitzer der Insel. In der Straße Licenciado Calderín liegen Stadtarchiv, Bibliothek sowie der Santa-Rosalía-Park.

Museum: An den Politiker Fernando León y Castillo (1842–1918) erinnert das gleichnamige Museum, Calle León y Castillo (mo–fr 8–14, Winter bis 15 Uhr).

Veranstaltung: Patronatsfest zu Ehren des hl. Johannes des Täufers (24. Juni).

Umgebung: Altkanarische Hügelkultstätte *Cuatro Puertas* (6 km südl.).

ℹ Oficina de Artesanía y Turismo, Calle León y Castillo 2, E-35200 Telde.

Maßstab 1:150.000 — 0 2 4 6 8km

Fast wie eine Fata Morgana erhebt sich hinter der Dünenlandschaft von Maspalomas ein riesiger Hotelkomplex.

Ewiger Sommer im sonnensicheren Süden

Gran Canarias Touristenstrom fließt in den sonnensicheren Süden, in die Ferienstädte rund um die Dünen von Maspalomas. Doch bereits wenige Kilometer hinter der Hotelkulisse erschließen sich dem Reisenden herrliche Naturlandschaften mit üppig bewachsenen Schluchten, spiegelglatten Stauseen, bizarr geformten Gipfeln, beschaulichen Bergdörfern, kurvenreichen Gebirgsstraßen und interessanten Wanderwegen.

△ Blick über den Roque Nublo im zentralen Bergland zum Teide auf Teneriffa

Kirche im Moscheestil: San Sebastián in Agüimes ▽

△ Heute Denkmal: Zuckerrohrpresse in Ingenio

△ Auch in der großen Kuppelkirche von Santa Lucia verbinden sich unübersehbar christliche und orientalische Bautraditionen

△ Kachelbild am Kirchplatz von Ingenio

Beeindruckend: der Weg gen Süden durch die Schlucht Barranco de Fataga ▽

Darüber sind sich die Geologen inzwischen einig, daß Gran Canaria weder ein Rest des sagenumwobenen Atlantis ist, noch ein abgetrennter Teil des afrikanischen Kontinents. Nach Fuerteventura und Lanzarote, den ältesten Inseln des Kanarischen Archipels, wurde Gran Canaria vor rund 15 Millionen Jahren durch Vulkantätigkeit aus dem Atlantik gehoben. Von den Urkräften der Natur zeugt noch heute das wild zerfurchte Bergland im Zentrum der Insel, das Spaniens Schriftsteller Miguel de Unamuno ganz treffend als ›tempestad petrificada‹ – versteinertes Unwetter – bezeichnet hat. ›Das Interessanteste der Insel‹, sagte er, ›ist nicht Las Palmas, sondern sind die Krater der erloschenen Vulkane im Hinterland.‹

Rund um die ›Schneespitze‹

Nachdem der Zorn des Feuergottes verraucht und die Insel aus der Tiefe des Ozeans geboren war, machten sich Meer, Regen und Wind an die Gestaltung der Landschaft. Über Jahrmillionen gruben sie tiefe Schluchten, die sich strahlenförmig von den höchsten Gipfeln zum Meer senken, ließen Seen entstehen und deckten nach und nach die schwarze Vulkanerde mit einem grünen Mantel zu. Rund um den Pico de las Nieves, die Schneespitze, Gran Canarias mit 1949 Metern höchsten Berg, erinnern bizarre Basaltblöcke, die wie Zinnen in den Himmel ragen, noch immer an den einstigen Feuersturm.

Der Roque Nublo, der oft geheimnisvoll in Nebelfetzen gehüllte Wolkenfels, El Fraile, der Mönch, oder der Roque Bentaiga, der heilige Fels der Ureinwohner, sind beliebte Fotomotive. Wer im Gebiet der Cumbre, dem Dach der Insel, unterwegs ist, genießt immer wieder neue, atemberaubende Ansichten. Und wenn der Blick hinter dem Bentaiga über den Wolken zum Teide auf Teneriffa gleitet, ist dies einer der eindrucksvollsten Momente auf Gran Canaria.

Landtourismus bei Agüimes

Im Rahmen der durch die Europäische Union und die Zentralregierung in Madrid zur Verfügung gestellten Gelder haben sich Arbeits-

△ Grandiose Blicke auf die Bergwelt bietet das Restaurant ›La Silla‹ bei Artenara

Per Esel zum Cruz de Tejeda ▽

Rund um Artenara haben viele Kanarier Höhlen zu Wohnungen gemacht ▽

Das Cruz de Tejeda markiert Gran Canarias geographische Mitte ▽

△ Kunstvoll angelegt sind die Terrassen um Tejeda, ... über dessen Dächer man auf den Roque Bentaiga (1412 m) blickt ▽

ämter und Gemeindeverwaltungen, besonders in Orten mit historischem Kulturgut wie Telde oder Agüimes, etwas einfallen lassen. In mehrmonatigen Kursen werden junge Arbeitslose mit der Restaurierung erhaltenswerter Bausubstanz vertraut gemacht. Ziel dieser Aktionen ist es, diese touristisch nutzbar zu machen und dadurch weitere Arbeitsplätze zu schaffen. So wurden in Agüimes in einem ehemaligen Wohnhaus ein Landgasthof eingerichtet und mehrere Stadthäuser renoviert, die sich bei Ortsfremden inzwischen großer Nachfrage erfreuen. Zudem haben die Programmteilnehmer Stadtspaziergänge und Wanderrouten ausgearbeitet, die sie auch begleiten.

Jungfrau der kleinen Höhle

Im Oktober 1994 machte der spanische Radrennmeister und fünffache Tour-de-France-Sieger Miguel Induráin einen ehrfurchtsvollen Besuch im Heiligtum Santa María de la Cuevita, 500 Meter oberhalb des Kirchplatzes von Artenara. Die Jungfrau der kleinen Höhle ist Schutzheilige der Radfahrer und residiert in einer wahrlich außergewöhnlichen Kapelle. Ihre Ursprünge gehen auf das 14. Jahrhundert zurück, als katalanische und mallorquinische Mönche die ›ungläubigen‹ Ureinwohner der Insel zum Christentum bekehren sollten. Sie brachten das erste Heiligenbild in die Bergeinsamkeit der Cumbre und schlugen eine Höhle in den Fels, um dort ihre Jungfrau aufzubewahren.

Nur Ende August herrscht anläßlich der Patronatsfeiern lebhaftes Treiben in dem sonst weltabgeschiedenen Bergnest. Höhepunkt der Festlichkeiten stellt die nächtliche Rückkehr zur Cuevita dar, wenn das Heiligenbild in einer von Fackeln und Feuerwerk begleiteten Prozession von der Pfarrkirche San Matias zurück in seine Höhle gebracht wird.

Wandern vom Cruz de Tejeda

Als der Forscher René Verneau Ende des 19. Jahrhunderts Gran Canaria besuchte, gab es auf der Insel erst 73 Straßenkilometer. Der restliche Teil der Insel war durch die sogenannten Caminos Reales, Königswege, erschlossen. Ein Name, der dem Franzosen als überzogen

△ Wüstenvisionen: die Dünenlandschaft von Maspalomas ...

... mit ihrer Oase an der Lagune El Charco an der Mündung des Barranco de Fataga ▽

△ Plausch am Strand

Brasilianisch: Team der Bar ›Tobo Playa‹ in Playa del Inglés ▽

Badevergnügen an Gran Canarias vielbesuchtem Hauptstrand von Playa del Inglés ▽

erschien. Die Benutzung dieser steinigen Hirtenpfade nannte er eine ›halsbrecherische Angelegenheit‹. Festes Schuhwerk ist auch heute noch Voraussetzung für Streifzüge durch die kanarische Bergwelt, aber Hals- und Beinbrüche lassen sich inzwischen vermeiden. Wandertouren auf den alten Handelswegen und Ziegenpfaden werden immer beliebter und im Rahmen des Landtourismus gefördert. Am Cruz de Tejeda nimmt ein Großteil der Wege ihren Ausgang. Sie führen sternförmig in alle Richtungen und weisen unterschiedliche Schwierigkeitsgrade auf.

Die Dünen von Maspalomas

Gran Canarias Südspitze umschließt ein fünf Kilometer langer Dünengürtel. Die riesigen Wanderdünen, deren Sand übrigens nicht aus der Sahara herüberwehte, sondern aus dem Meer stammt, sind ein Paradies für Naturfreunde und seit 1987 geschützt.

Um die Lagune El Charco im westlichen Dünengebiet wachsen Schilfrohr, Stechbinsen und der stachlige Dornlattichstrauch. Der Dattelpalmenhain am Rand des Salzwasserteichs gilt als Oase von Maspalomas. Im Wasser der Lagune quaken Seefrösche, und im Gebüsch rascheln Rieseneidechsen. Vogelfreunde können vielleicht sogar noch einen der auch hier selten gewordenen Brillengrasmücken oder Kanarienpieper beobachten und dabei vergessen, daß um das Naturreservat ein zweiter Gürtel aus Asphalt und Beton liegt.

Gigantische Ferienlandschaft

Dort, wo sich bis Mitte des 20. Jahrhunderts nur einige Sommerhäuschen um den Leuchtturm von Maspalomas gruppierten, ist seit den sechziger Jahren auf den ehemaligen Ländereien des Grafen de la Vega Grande mit dem Urbanisationsprojekt Costa Canaria eine gigantische Ferienlandschaft mit rund 150 000 Betten und fast großstädtischem Charakter entstanden. Besonders östlich des Dünengebiets haben sich die Hotelblöcke, Appartementkomplexe und Shoppingzentren von Playa del Inglés keilförmig in die Naturlandschaft geschoben und sind mit San Agustín und Maspalomas untrennbar verschmolzen.

△ In Reih und Glied aufgestellt, warten die Liegen am windgeschützten Strand von Puerto Rico auf Sonnenanbeter und Badegäste

△ Für jedermann zugänglich ist die Poollandschaft der Feriensiedlung Playa de Taurito

Am Kai von Puerto de Mogán ▽

△ Treffpunkt für Wassersportler: Sportboothafen von Puerto Rico

Ferienwohnungen in Puerto de Mogán ▽

Westlich des Leuchtturms wird weitergebaut. Vermutlich so lange, bis auch die verbleibende Küste der Gemeinde bis Arguineguin völlig erschlossen ist. In der Nachbargemeinde Mogán klettern in Puerto Rico ebenfalls die Hotel- und Appartementhäuser die kahlen Hänge des Barranco empor, läßt die touristische Infrastruktur es an nichts fehlen.

Malerisch: Puerto de Mogán

Viel Geschmack haben die Architekten bewiesen, die vor über zehn Jahren einen harmonischen, ästhetisch ansprechenden Häuserkomplex entwarfen, der zwischen dem Meer und dem am Hang gelegenen alten Ortskern von Puerto de Mogán entstand. Zweistöckige Appartementhäuser, mit reichem Blumenschmuck umrankte Gäßchen, geschwungene Fußgängerbrücken und Kanäle für kleine Boote bilden eine Augenweide für die zahlreichen Besucher, die täglich Gran Canarias ›kleines Venedig‹ bestaunen.

Wasserlabor Gran Canaria

Ein kanarisches Sprichwort sagt: ›Wer einen Wasserstrahl findet, hat eine Silberader gefunden.‹ Die Wasserknappheit hat die Bewohner Gran Canarias schon immer sorgsam mit dem kostbaren Naß umgehen lassen. Inzwischen ist die Insel ein wahres Wasserlaboratorium. Alle Arten der Gewinnung und Aufbereitung werden praktiziert und von der Inselregierung überwacht.

Zu den traditionellen Methoden gehören Regenwasser-Auffangbecken sowie 1879 Brunnen und 483 Stollen, durch die Grundwasser an die Oberfläche befördert wird. Beeindruckend ist die Zahl von 60 Stauseen. Ein weitverzweigtes Kanalsystem bringt das Wasser von den Seen in alle Teile der Insel.

Das Sinken des Grundwasserspiegels und die steigende Nachfrage machten neue Techniken der Wassergewinnung nötig. 16 Meerwasserentsalzungsanlagen stellen heute die Trinkwasserversorgung sicher. Wasseraufbereitungs- und Kläranlagen ermöglichen die Wiederverwendung von Brauchwasser in der Landwirtschaft. Kostspielige Methoden, für die man in Las Palmas die höchsten Wasserpreise Spaniens zahlen muß.

Gran Canaria
Costa Canaria
TELDE
San Antonio
El Callejón del C.
Los Llanos
El Caracol
Aeropuerto de Gran Canaria (Gando)
Ingenio
Agüimes
Carrizal
Cruce de Sardina
Vecindario
El Doctoral
Sardina
Juan Grande
La Caleta
Playa del Cardón
San Agustín
Playa del Inglés
Maspalomas
Dunas de Maspalomas
Santa Lucía
San Bartolomé de Tirajana
Barranco de Tirajana
Fataga
Pico de las Nieves
Roque Nublo
Tejeda
Artenara
Roque Bentaiga
Vega de San Mateo
Valsequillo de Gran Canaria
Valle de San Roque
San Nicolás de Tolentino
Punta de la Aldea
Montaña Altavista
Inagua
Mogán
Puerto de Mogán
Puerto Rico
Tauro
Arguineguín
La Playa de Arguineguín
Pasito Blanco
Playa del Diablito
Playa de los Amadores
Lomo de Tasarte
Morro de las Camellitas
Montaña Lobos
Las Candelillas
Montaña Negra
Parque Ornitológico Palmitos
Arinaga

Wo gibt es was?

Fähnchennummer = Textnummer ℹ = Auskunft

Artenara ①

Das abgeschiedene Bergdorf (1219 m) ist einer der höchstgelegenen Orte Gran Canarias und gehört zu den schönsten Dörfern der Insel. Die Höhlen in den Bergen werden von den Einheimischen als Wohnhäuser und Garagen benutzt.

Sehenswert ist die Kirche San Matias (1870, Mitte 20. Jh. restauriert), deren Ausstattung mit Tonnengewölbe, hübscher Holzverkleidung und gemaltem Altarbild 1968 vollendet wurde. Die historischen Stadthäuser gegenüber bargen einst Rathaussekretariat, Post, Pfarramt. 500 m oberhalb bewahrt eine Felskapelle (17. Jh.) von 8 m Durchmesser das Heiligtum der Jungfrau Santa María de la Cuevita. Beichtstuhl, Altar, Kanzel, Taufbecken sind direkt aus dem rötlichen Vulkanstein gehauen.

Herrliche Blicke aufs Gebirge gewährt die Terrasse mit Restaurant und Café vom Mirador de la Silla, Camino de la Silla 9. Die moderne Christusfigur auf dem Hausberg des Dorfes wurde 1995 errichtet.

Veranstaltung: Festtag der Virgen de la Cuevita (30. Aug.).

Umgebung: Das Forstgebiet des *Pinar de Tamadaba* (12 km nordwestl., Karte S. 40) bietet nicht nur die vielseitigste Flora der Insel, sondern an klaren Tagen auch Blicke bis zur Westküste bei Agaete und zum Teide auf Teneriffa (Rundweg ca. 22 km).

Cruz de Tejeda ②

Das Steinkreuz Cruz de Tejeda markiert am Schnittpunkt mehrerer Bergstraßen das geographische Zentrum der Insel. Um den Parador Nacional de Turismo, derzeit nur Restaurant und Café, bieten Verkaufsstände Kunsthandwerk und Kulinaria an.

Umgebung: Das kleine *Tejeda* (1048 m, 7 km südwestl.) gruppiert sich um die Kirche Nuestra Señora del Socorro.

Veranstaltung: Mandelblütenfest mit Folklore in *Tejeda* (Febr.).

San Bartolomé de Tirajana ③

Die kleine Bergsiedlung (859 m), das altkanarische ›Tunte‹, an den Ausläufern der höchsten Berge Gran Canarias ist Oberhaupt des mit 334,5 qkm drittgrößten Gemeindebezirks der Kanarischen Inseln, zu dem auch die Ferienorte der Costa Canaria gehören (offiziell 35 000, wirklich wohl 70 000 Ew.). Cafés und der Platz vor dem modernen Rathaus laden zum Verweilen ein. Verpflegung für Gebirgstouren gibt es im Krämerladen ›Souvenirs Santiago‹.

Umgebung: An der landschaftlich reizvollen Serpentinenstraße nach Maspalomas liegt das malerische *Fataga* (6 km südl.) mit herrlichem Palmenhain.

Das liebliche *Santa Lucía* (6 km östl.) lockt mit weißer Kuppelkirche und kleinem ethnologischen Museum (tgl. 9–18.30 Uhr).

Veranstaltungen: Festtag des Apostels Jakobus (24./25. Juli); Patronatsfeiern zu Ehren des hl. Bartholomäus (24. Aug.); Santa-Lucía-Fest in *Santa Lucía* (13. Dez.).

Ingenio ④

Der Name der Gemeinde (21 000 Ew.) geht auf die Zuckerrohrplantagen und Zuckerfabriken (Ingenios) des 16. Jh. zurück. Die Nachbildung einer Zuckerrohrpresse am Ortseingang erinnert an die einstige Bedeutung des Zuckerrohranbaus. Heute bieten viele Werkstätten Handgefertigtes an, besonders Hohlsaumstickereien.

Sehenswert ist die Pfarrkirche Nuestra Señora de la Candelaria mit dem Ölgemälde ›El Perdón‹ (die Vergebung) des Malers und Keramikers Atrill im Inneren.

Agüimes ⑤

Die Kleinstadt (18 000 Ew.) liegt am Südostende des Barranco de Guayadeque, einer Schlucht mit üppiger Vegetation sowie zahlreichen Höhlenwohnungen und Siedlungsresten der Altkanarier.

Sehenswert ist die Kirche San Sebastián (1796–1952) an der Plaza del Rosario. Den Hauptaltar ziert eine Rosenkranzmadonna aus Mexiko. Wie im nahen Ingenio zieren Kacheln aus der Werkstatt des hier geborenen Künstlers Atrill viele Fassaden und öffentliche Plätze. Sie zeigen Bewohner der Gegend bei traditionellen Tätigkeiten.

Aktivitäten: Stadtspaziergänge und Ausflüge in die Umgebung (Turismo Rural de Agüimes, Tel. 124183); Krokodilpark Parque de los Cocodrilos (so–fr 10–18 Uhr).

Veranstaltungen: Karneval (Jan./Febr.); Virgen-del-Rosario-Fest (5. Okt.); Gofio-Fest (letzter Sa im Sept.).

Maspalomas ⑥

Die Ferienstädte *San Agustín, Playa del Inglés* und Maspalomas am Südzipfel der Insel bilden den Mittelpunkt der Costa Canaria, dem bedeutendsten Fremdenverkehrsgebiet (150 000 Betten) der Ostkanaren. Zwischen den Ferienorten und dem Leuchtturm von Maspalomas (56 m), an Gran Canarias südlichstem Punkt liegt eine naturgeschützte Düne (4 qkm) samt Oase, einer Feuchtzone mit Palmenhain.

Zentrum: Der protzige Gerichtspalast und das Bürohaus der Gemeindeverwaltung bilden eine Art Ortsmittelpunkt. Blickfang neben der Gemeindeverwaltung ist die schöne Skulptur ›Homenaje a la Constitución‹ aus Vulkangestein. Die in einem modernen Gebäude untergebrachte Touristeninformation neben dem Shopping-Center ›Jumbo‹ besitzt einen Kunstgewerbeladen und Ausstellungssäle. Religiöses Zentrum ist die ökumenische Kirche (1970).

Aktivitäten: Wasserparks Aquasur, Richtung Palmitos Park, km 3, und Oceanpark, Campo Internacional de Maspalomas im Zentrum (tgl. 10–18 Uhr); Themenparks Sioux City im *Cañon del Aguila* (10 km nordöstl., di–so 10–18 Uhr) und Mundo Aborígen, Richtung *Fataga*, km 6 (tgl. 10–18 Uhr); Vergnügungspark Holiday World, Campo Internacional de Maspalomas im Zentrum (tgl. 18–24 Uhr); Palmengarten Palmitos Park im *Barranco de las Palmas* (10 km nördl., tgl. 9–18 Uhr) u.a. mit bedeutender Orchideensammlung, großem Schmetterlingshaus, Papageien und anderen exotischen Vögeln in Volieren und freifliegend; 18-Loch-Golfplatz; Fitneß-Studios; Tennis; Go-Kart- und Rollschuhbahn; Windsurfen; Segeln; Tauchen; Volleyball; Fallschirmspringen; (Kamel-)Reiten.

Nachtleben: Spielkasino; Diskos, Live-Musik, Shows, Tanz in den Hotelanlagen.

Veranstaltungen: Musikfestival Atlántica mit Pop-, Rock- und Folkgruppen aus drei Kontinenten (Jan.); Karneval (Febr./März); Klassik-Musikkonzerte und Folklore im Centro Insular de Turismo.

ℹ Centro Insular de Turismo,
Av. de España/Av. de Norteamerica,
E-35100 Maspalomas.

Puerto Rico ⑦

Die Touristenstadt (über 20 000 Betten) liegt in einer windgeschützten, beidseitig mit Ferienunterkünften bebauten Schlucht.

Aktivitäten: Wassersport aller Art; Yacht- u. Sportboothafen mit Segelschule; Surfbrettverleih; Hochseeangeltouren; Windjammerfahrten; öffentliche Tennisplätze; Minigolf; heller Badestrand.

Nachtleben: Diskos, Live-Musik, Shows, Tanzveranstaltungen in den Hotelanlagen.

Umgebung: Die Feriensiedlung *Playa de Taurito* (11 km nordwestl.) hat einen für alle zugänglichen schönen Pool (Gebühr).

ℹ Oficina de Turismo, Centro
Comercial de Puerto Rico, Primera Fase,
E-35130 Puerto Rico.

Puerto de Mogán ⑧

Neben der Fischersiedlung am Hang ist eine stilvolle Feriensiedlung samt Yachthafen entstanden. Die vielen Hafenrestaurants bieten heimische, deutsche, internationale Küche. Der schwarze Badestrand am Ortsrand dagegen ist eher mittelmäßig.

Schiffsausflüge: Nach Puerto Rico und Arguineguin (tgl. 6 Fahrten; Lineas Salmón, Tel. 243708); Unterwasserbootfahrt (tgl. 10–16 Uhr ca. stdl., Dauer 40 min.; Undersea S.L., Local 389, Tel. 565108, Fax 565048; kostenloser Zubringer von mehreren Punkten der Costa Canaria).

Wochenmarkt am Hafen (fr vormittags).

Umgebung: Im Tal *Valle de Mogán* (10 km nördl.) findet man vom Apfelsinenbaum bis zum Weihnachtsstern alle erdenklichen Obstbäume und Zierpflanzen, in den Gärten der winzigen Dörfer lustige Figuren.

Maßstab 1:150.000 — 0 2 4 6 8km

Gischt, Wellen, Wind
und Sonnenschein
den ganzen Tag –
Surfer lieben Fuerte-
venturas Küsten.

Endlose Strände in Fuerteventuras Norden

Sonne, Sand und Meer – davon hat Fuerteventura von allen Kanarischen Inseln am meisten zu bieten – mit herrlichen Wassersport- und Wandermöglichkeiten im Nordosten rund um die Dünen von Corralejo. Während an der Westküste winzige Fischersiedlungen vor sich hinträumen und im Landesinneren kleine Dörfer ›eine Oase in der Wüste der Zivilisation‹ bilden, so der Dichter Unamuno, geben sich Puerto del Rosario und Corralejo städtisch.

△ Palmen säumen die Sandstrände von Corralejo, Fuerteventuras bedeutendstem Ferienort im Norden

△ Zahllos sind die Modellsegelboote, die José de León aus Corralejo anfertigt

△ Trotz der städtischen Entwicklung hat das einstige Fischerdorf Corralejo seinen früheren Charme bis heute hier und da bewahrt

△ Flugsand bedeckt die Straße an der Küste bei Corralejo, ...

... wo Surfer an den Sandstränden ein herrliches Revier finden ▽

Für die Miniatur-Sahara ›Dunas de Corralejo‹ haben sich schon Wissenschaftler aus der ganzen Welt interessiert. Seit 1982 steht das rund 20 Quadratkilometer große Areal zwischen Corralejo und der Montaña Roja zu beiden Seiten der schnurgeraden Landstraße nach Puerto del Rosario unter Naturschutz. An der Küste ließ der Flugsand, der aus dem Famara-Gebiet Lanzarotes herüberweht, auf sieben Kilometern herrliche, von Lavazungen unterteilte Badebuchten aufkommen. Landeinwärts lassen die blendend weißen, bis zu zehn Meter hohen Dünen mit ihrer außergewöhnlichen Vogel- und Pflanzenwelt saharaähnliche Visionen entstehen. So sehen die beiden Großhotels ›Tres Islas‹ und ›Oliva Beach‹ im Norden in der flimmernden Mittagshitze wie eine Fata Morgana aus.

›Bootsbauer‹ aus Corralejo

Nur durch Zufall stößt man in Corralejo, in einer schmalen Seitengasse zur Strandpromenade, auf eine dunkle Werkstatt, in der ein betagter Fischer große Rollen weißer Plastikplanen in kleine Dreiecke schneidet. Er fertigt Segel für seine hölzernen Boote, die in Dutzenden an der Decke hängen. In einem kleinen Ausstellungsraum wenige Häuser weiter sind es über 300 fertige Exemplare: metergroße Fischkutter, 20 Zentimeter lange Holzboote und winzige Bötchen. Alle sorgfältig bemalt: blau-weiß-rot und blau-weiß-gelb die Bäuche, blau und grün die Masten, an denen Segel oder Fahnen befestigt sind. Doch verkaufen will José de León seine Werke nicht.

Über 300 Kunsthandwerker

Ganz anders die über 300 Handwerker, die überall auf der Insel auf Käufer warten. Nur wenige Kilometer südlich von Corralejo entsteht in der Keramikwerkstatt ›Casa Marcos‹ Formschönes aus Ton und Holz. In der von Natividad Hernández in Lajares gegründeten berühmten Stickereischule ›Escuela de Artesanía Canaria‹ sind Hohlsaumstickerinnen mit dem Fertigen von prächtigen Tischdecken beschäftigt. In La Oliva haben sich die Keramikkünstler in der kleinen Kapelle La Ermita am Ortsrand eingerichtet.

△ Weißer Strand vor dem schwarzen Vulkan Montaña de Lobos: Playa de las Conchas auf Lobos

△ Bei der Arbeit: Fischer in Casas El Puertito auf Lobos, … … Stickerin aus Lajares ▽

△ Fischerboote im Schutzhafen El Cotillo

△ *Ungestört und ruhig verläuft das Leben in dem Fischernest El Cotillo, ...* *... über das der Turm Castillo de Rico Roque wacht* ▽

In den Kunsthandwerksläden der Inselregierung von Betancuria und Antigua in der Inselmitte kann man sich einen guten Überblick verschaffen. Die alljährlich in Antigua stattfindende Feria Insular de Artesanía mit mehr als hundert Ausstellern lockt auch viele Künstler der Nachbarinseln nach Fuerteventura. Die Messe wurde von der in Antigua ansässigen Künstlervereinigung ›Colectivo Mafasca‹ ins Leben gerufen, die seit über zehn Jahren aktiv ist und Kurse für Kunsthandwerk, volkstümliche Musik und Tänze organisiert.

Touren auf Schusters Rappen

Daß Fuerteventura mit seinen kilometerlangen, goldgelben Sandstränden und unzähligen Wassersportmöglichkeiten auch Wanderern allerhand zu bieten hat, ist vielen unbekannt. Wer sich noch nicht so richtig angefreundet hat mit der kargen Insel, wer glaubt, es gäbe auf ihr nur Steine, Staub und verfallene Häuser, der sollte sich den Ausflügen der beiden deutschsprachigen Wanderführer Hannelore und Klaus anschließen. Jeden Samstag geht es zum Beispiel barfuß durch die Dünen von Corralejo, dienstags auf Schluchtentour durch das Palmenflußtal nach Ajuy und donnerstags an der engsten Stelle der Insel von Küste zu Küste. Dabei gibt es viel zu erzählen – über Flora und Fauna, Land und Leute. Pausen mit Picknick oder Brotzeit auf dem Bauernhof runden den Ausflug ab. Selbst Skeptiker sind von der Vielseitigkeit der Insel begeistert, und die meisten können es kaum erwarten, bei der nächsten Tour wieder dabeizusein.

La Luz de Mafasca

Ein ganz besonderes Naturphänomen, für das es bisher keine wissenschaftliche Erklärung gibt, ist das Licht von Mafasca – la Luz de Mafasca. Nächtlichen Wanderern erscheint es zur Geisterstunde auf einsamen Wegen als tanzendes Licht. Dabei soll es sich um die Seele eines Ziegenhirten handeln, der, um ein Zicklein zu braten, ein Grabkreuz zum Feuermachen verwendete, weil es an anderem Brennholz fehlte. Am nächsten Morgen wurde er tot aufgefunden. Eine andere Version erzählt von der Seele der Sevillanerin

△ Die weiße Kirche von La Oliva mit Portal und Glockenturm aus dunklem Lavagestein

Im Entstehen: Ökomuseum La Alcogida in Tefia zu Füßen des Vulkans Chuchillos ▽

△ Die rätselhaften Gravuren in fußähnlicher Form auf dem Gipfel des Vulkans Tindaya

△ La Olivas ehemaligen Gouverneurspalast ... ... suchen derzeit nur die Ziegen auf ▽

Bei Inselsafaris leisten Fahrzeuge mit Allradantrieb auf Fuerteventura gute Dienste ▽

Marina Muxica, die von der Inquisition als Hexe verbrannt wurde. Besonders ältere Insulaner wollen das Irrlicht in hellen Mondnächten mit eigenen Augen gesehen haben.

Der Hexenberg Tindaya

Der Hexenberg Montaña de Tindaya galt den Ureinwohnern als heiliger Ort. In den letzten Jahren tauchte er immer wieder in der spanischen Presse auf. Grund ist der baskische Bildhauer Eduardo Chillida, der im Herzen des 401 Meter hohen Vulkans südlich von La Oliva einen 50 mal 50 Meter großen Raum ausschachten will, in den durch zwei Öffnungen das Licht der Sonne und des Mondes fällt und aus dem durch einen Tunnel der Besucher den Horizont und das Meer sieht.
Der Entwurf wurde Anfang 1997 in Puerto del Rosario vorgestellt. Politiker und Touristikmanager befürworten das Projekt. Umweltschützer und Archäologen dagegen haben Bedenken angemeldet. Finden sich auf dem Berg doch nur hier heimische Pflanzen, diverse Gebäudestrukturen der Ureinwohner und in Gipfelnähe mehr als 200 in den Fels gemeißelte fußförmige Gravuren. Über den Sinn dieser ›Grabados podomorfos‹ gibt es verschiedene Theorien, unter anderem, daß sie einen heiligen Ort der Götter markieren. ›Eine Verknüpfung von Archäologie mit der Kunst des 20. Jahrhunderts‹ strebt Chillida mit seiner ›Skulptur für die Toleranz‹ an. Ob sie Wirklichkeit wird, bleibt abzuwarten.

Verbannter Poet: Unamuno

Am Hang der Montaña Quemada steht mitten in karger Bergeinsamkeit ein Denkmal für Miguel de Unamuno (1864–1936). Der baskische Dichter und Denker wurde 1924 wegen seiner Gegnerschaft zum diktatorischen Regierungssystem Primo de Riveras nach Fuerteventura verbannt, von wo er nach vier Monaten nach Frankreich ins Exil floh. 1925 publizierte er in der französischen Hauptstadt seine 103 Sonette ›De Fuerteventura a Paris‹, die seine Erlebnisse auf der Insel widerspiegeln.
In seinem 1980 in Puerto del Rosario veröffentlichten Buch über Unamunos Artikel und Vorträge schreibt der

△ Puerto del Rosario: Beliebter Treffpunkt der Einheimischen ist der Hafen, wo es immer etwas zu sehen und darüber zu erzählen gibt

Denkmal für den Dichter Unamuno bei Tindaya ▽

△ Interessante Bauten: Puerto del Rosarios moderne Hafenverwaltung ... ... und das Parador-Hotel am Stadtstrand Playa Blanca ▽

△ Puerto del Rosario: Auch in Fuerteventuras wichtigstem Handels- und Fischereihafen … … bleibt Zeit für ein Schwätzchen ▽

Schriftsteller Navarro Artiles: ›Es gibt viele Schriftgelehrte, die keine Ahnung haben, ob Fuerteventura im Pazifik, im Indischen Ozean oder im Atlantik zu suchen ist. Was solls! Sie wissen jedoch alle, … daß hier das Licht durch die Palmenblätter gefiltert wird, daß die Kamele die Blumen des Stachelginsters fressen … und vieles mehr, … weil Unamuno es in seinen Sonetten, Briefen und Zeitungsartikeln gesagt hat.‹

Hauptstadt Puerto del Rosario

Das Unamuno-Museum in der einstigen Pension Fuerteventura, wo der Dichter gewohnt hatte, ist heute wohl die einzige bedeutende Sehenswürdigkeit in der nach 200 Jahren immer noch gesichtslosen Inselhauptstadt Puerto del Rosario. Noch 1790 soll es kein einziges Haus an der Cala de Cabras gegeben haben. Seinerzeit weideten hier nur Ziegenhirten aus Tetír ihre Herden, und europäische Handelsschiffe nahmen Sodakraut an Bord. 1808 hatte der englische Kaufmann Diego Miller das erste städtebauliche Projekt auf dem Zeichentisch entworfen. Doch auch 1809 sollen noch nicht mehr als 20 Häuser an der windgeschützten Bucht gestanden haben.

Tor für eine Million Urlauber

In guten Erntejahren hatte Puerto de Cabras schon im 19. Jahrhundert Getreide zu den Nachbarinseln, Cochenille-Farbstoff sowie Sodapflanzen nach Europa verschifft. Im 20. Jahrhundert wurde der Hafen ausgebaut, stieg die Einwohnerzahl von 500 im Jahr 1900 auf knapp 17000 im Jahr 1991. Erst in der zweiten Hälfte des 20. Jahrhunderts erhielt die inzwischen in Puerto del Rosario umgetaufte Stadt jedoch die nötige Infrastruktur: 1963 ging die Stromversorgung aus privater Hand an die Stadtverwaltung über, 1970 wurde die Meerwasserentsalzungsanlage mit einem Leitungsnetz bis Corralejo und Gran Tarajal eingeweiht, und 1969 landete das erste Flugzeug auf dem Aeropuerto El Matorral, heute Eingangstor für eine Million Urlauber im Jahr. In den achtziger Jahren wurde Puerto del Rosario aufgrund seiner Konservenfabrik zum wichtigsten Anlaufhafen der Sardinenflotte.

Fuerteventura

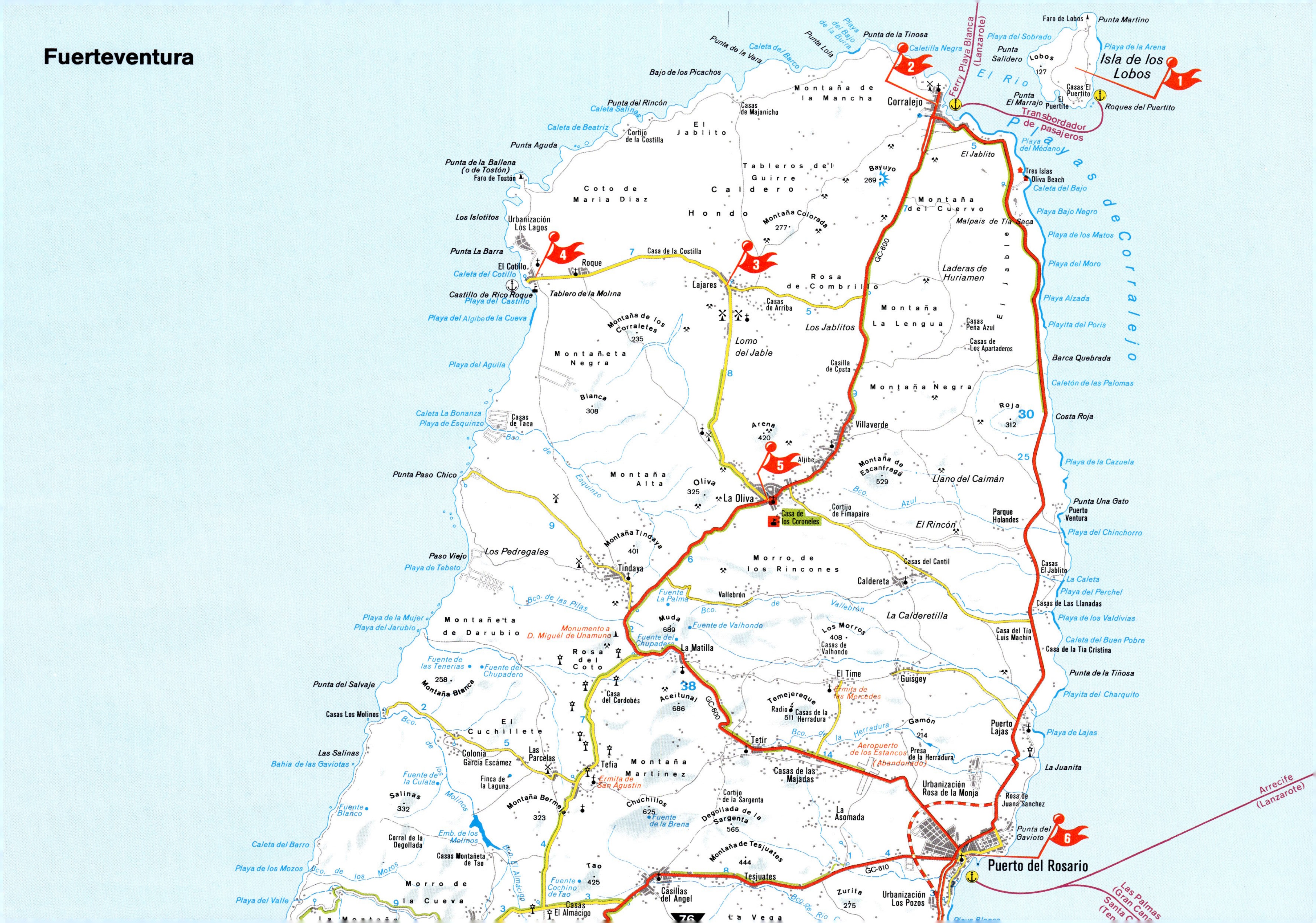

Wo gibt es was?

Fähnchennummer = Textnummer ❶ = Auskunft

Isla de los Lobos ①

Isla de los Lobos (6 qkm) heißt Robbeninsel. Der Name geht auf die Mönchsrobben zurück, die hier einst zahlreich lebten.
Geschichte: Erdgeschichtlich gilt Lobos mit seinen winzigen Vulkankegeln, den typischen Hornitos (Öfchen), als eine der jüngsten der Kanarischen Inseln. Geologen betrachten sie als Ergebnis von Vulkanausbrüchen unter der Meeresoberfläche. 1339 erstmals auf einer Landkarte (Planisferio de A. Dulcert) als ›Insula de Vegi Mari‹ erwähnt, spielt dieser Name ebenfalls auf die Robben an, die im 15. Jh. von den normannischen Eroberern gejagt wurden und Ende des 16. Jh. ausgerottet waren. Die Insel wurde nur sporadisch von Fischern und Vogelfängern besucht, bis man 1863 an der Punta Martiño im Nord-osten den Leuchtturm Faro de Lobos erbaute. Noch 1968 wohnte hier nur die Familie des Leuchtturmwächters.
Naturpark: Nachdem die Insel mehrmals den Besitzer gewechselt hatte, wurden durch die Erklärung zum Naturpark im Jahr 1982 alle Bauspekulationen gestoppt. Denn zahlreiche, zum Teil seltene Vogelarten nisten hier.
Im 300 m breiten Überschwemmungsgebiet Las Lagunillas auf der Ostseite wachsen Pflanzen, die lange unter Wasser überleben können, wie die Siempreviva, eine Strandlilienart. Der sandige Nord- und Südteil ist von Aulaga-Gestrüpp überzogen, und im Inselinnern klettern die Tabaibas, ein gelbblühendes Wolfsmilchgewächs, bis hinauf an den Kraterrand der Montaña de Lobos (127 m). Den schönsten Blick über Lobos hat man vom Kraterrand oder von der Terrasse des Leuchtturms, gleichzeitig ein idealer Picknickplatz. Eine Inselumrundung samt Aufstieg zum Kraterrand dauert ca. 2,5 Std.
Casas El Puertito: Nahe der Schiffsanlegestelle liegt die winzige Fischersiedlung Casas El Puertito mit kleinem Restaurant (Mittagessen nur auf Vorbestellung bei Ankunft). Westlich erstrecken sich ein ehemaliges Salinengebiet und die geschützte Sandbucht Playa de la Calera, deren Name auf die ehemaligen Kalköfen zurückgeht.

Corralejo ②

Der einstige Fischerort an der Nordostspitze der Insel, den im Südosten eine herrliche Dünenlandschaft begrenzt, hat sich zu einem aufstrebenden Ferienort entwickelt und dennoch, zumindest um die schattigen Plätze im Altstadtkern, seinen ursprünglichen Charme bewahrt. Im Hafen liegen Segelyachten neben Fischerbooten.
Schiffsverbindungen: Autofähre von/nach *Playa Blanca* auf Lanzarote (tgl. bis 8 Abfahrten); 2 verschiedene Ausflugsschiffe zur *Isla de los Lobos* (tgl. 10 Uhr, Rückkehr 16 Uhr, Fahrzeit 30 min.).
Aktivitäten: Ideales Wassersportrevier, besonders für Windsurfprofis und Taucher, rund um Corralejo in der Meerenge La Bocaina, die Lanzarote und Fuerteventura trennt; sogenannte Wüsten-Wanderungen durch die Dünenlandschaft (sa, deutschsprachig, Anmeldung zwischen 18 u. 19 Uhr, Tel. 535010, sonst Tel. 908928380).
Veranstaltung: Patronatsfeier zu Ehren der Virgen del Carmen (16. Aug.).
❶ Oficina de Turismo, Plaza Pública de Corralejo, E-35660 Corralejo.

Lajares ③

Das im Malpaís de la Arena an der Landstraße nach El Cotillo gelegene Straßendorf mit verstreuten Einfamilienhäusern besitzt ein großes Fußballstadion und eine Ringkampfarena.
Sehenswürdigkeiten: In der berühmten Stickereischule Escuela de Artesanía Canaria werden filigranartige Tischdecken, Servietten und Borten für Wäschestücke angefertigt (mo–fr 9–19, sa 9–13 Uhr).
Am Ortsrand erhebt sich die kleine weißgekalkte Ermita San Antonio de Padua mit einem Glockenturm aus schwarzem Vulkangestein (20 Jh.). Gleich daneben sieht man Beispiele für die unterschiedlichen Mühlentypen ›Molino‹ und ›Molina‹.
Veranstaltungen: Patronatsfeiern zu Ehren von San Antonio (13. Juni) und der Virgen de la Milagrosa (27. Nov.).

El Cotillo ④

Der einst bedeutende Handels- und Kalkausfuhrhafen ist heute ein verschlafenes Fischernest, das der Tourismus langsam erobert, wovon die vielen Restaurants und neuen Ferienhäuser am Ortsrand zeugen.
Sehenswürdigkeiten: Auf der Steilküste über dem Fischereihafen thront der mächtige, vom Festungbauingenieur Claudio de Lisle errichtete Wehrturm Castillo de Rico Roque (18. Jh.). Der Jungfrau der Glücklichen Reise geweiht ist die bescheidene Kapelle Ermita de Nuestra Señora del Buen Viaje (19. Jh.) am Ortsrand.
Umgebung: An der *Punta de la Ballena* (3 km nördl.) weist der Leuchtturm Faro de Tostón den Schiffen den Weg. Die Küste besteht aus weißen, von dunklen Lavastreifen durchsetzten Sandstränden, die Riffe vor der starken Brandung schützen.

La Oliva ⑤

Die ehemalige Hauptstadt des Königreichs Maxorata ist heute Verwaltungssitz der gleichnamigen Gemeinde (7000 Ew.) und größter Ort im Norden der Insel.
Sehenswürdigkeiten: Hauptattraktion ist die denkmalgeschützte einstige Residenz der Militärgouverneure Casa de los Coroneles, auch Casa de la Marquesa genannt (17. Jh. erbaut, 19. Jh. umgestaltet), eines der größten Wohnhäuser der Kanarischen Inseln. Nach dem Erwerb durch die Inselregierung soll es umfangreiche Restaurierungsarbeiten erfahren; der zukünftige Verwendungszweck ist noch nicht bekannt (Bauende voraussichtlich im Jahr 2000). Die dreischiffige Pfarrkirche Virgen de la Candelaria mit hohem Glockenturm aus Lavagestein gilt als zweitgrößtes Gotteshaus auf Fuerteventura. Ganz in der Nähe steht die Casa de la Cilla (19. Jh.), das Zehnthaus, in dem die Kirche einst die landwirtschaftlichen Produkte lagerte, die die Bauern als Steuern abgeben mußten.
Museum: Die Casa Mané, ein Herrenhaus mit 10 000 qm großem Garten, in unmittelbarer Nähe der Casa de los Coroneles beherbergt das Centro de Arte Canario. Die von Manuel Delgado (Mané) gegründete Privatsammlung ist als Kunstzentrum einmalig auf der Insel. Gezeigt werden vor allem Werke kanarischer Bildhauer und Maler (Wechsel im Nov.). Zum Komplex gehören zwei unterirdische Ausstellungssäle, eine gut sortierte Kunsthandlung, das einstige Wohnhaus und der Skulpturengarten, u.a. mit lustiger Eisen-Ziegenherde (mo–sa 10–18, im Winter bis 17 Uhr).
Markt u. Veranstaltung: Kunsthandwerksmarkt (sa 9–14 Uhr); Patronatsfeier zu Ehren der Virgen de la Candelaria (2. Febr.).
Umgebung: An der *Montaña Quemada* (7 km südl.) erhebt sich ein Denkmal für den Dichter und Philosophen Miguel de Unamuno. In *Tefia* (15 km südl.) entsteht ein Bauernhausmuseum (Eröffnung voraussichtlich Frühjahr 1998).

Puerto del Rosario ⑥

Fuerteventuras Hauptstadt (19 000 Ew.), das wirtschaftliche und verwaltungspolitische Zentrum der Insel, ist auch ihr wichtigster Handels- und Fischereihafen.
Museen: Der schlichten, der Rosenkranzmutter geweihten Pfarrkirche benachbart ist die Casa Museo Miguel de Unamuno, Calle Virgen del Rosario 11. Die einstige Pension Fuerteventura hält die Erinnerung an den Dichter wach, der hier vier Monate in der Verbannung lebte (mo–fr 9–13 u. 17–19, sa 10.30–13 Uhr).
Sporadische Kunstausstellungen gibt es im Kulturhaus und im Saal Juan Ismael der Inselregierung, Calle Primero de Mayo 39.
Fähren nach Arrecife auf Lanzarote und Las Palmas de Gran Canaria.
Veranstaltungen: Festival de Música de Fuerteventura, Klassik, Jazz, Gitarre, im Auditorium (Jan.); Karneval (Jan./Febr.); Patronatsfeiern zu Ehren der Virgen del Rosario (1.–7. Okt.); Andreas-Prozession in *Tetir* (8 km nordwestl., 30. Nov.).
Umgebung: Die gepflegte Ortschaft *Tetir* überrascht mit ihrer stattlichen Kirche.
❶ Patronato de Turismo,
Calle Primero de Mayo 39,
E-35600 Puerto del Rosario.

Maßstab 1:150.000 — 0 2 4 6 8 km

Von Antiguas ehemaliger Bedeutung zeugt dieses stattliche Herrenhaus im Kolonialstil inmitten eines Opuntienfeldes am Stadtrand.

Ländlich-beschaulich: das Herz der Insel

Im Zentrum von Fuerteventura offenbart sich das ländliche Gesicht der Atlantikinsel: winzige Dörfer, verlassene Windmühlen, menschenleere Straßen, kaum ein Baum und Strauch – sowie absolute Stille. Farbtupfer setzen die Tomatenplantagen bei Tuineje und die grüne Palmenoase von Vega de Río de Palmas. Ideale Bedingungen für Surfer, besonders für Anfänger, bietet die geschützte Bucht von Caleta de Fustes.

△ Betancuria: imposant, die weißen Herrenhäuser im Palmenhain ... ... und die Ruinen des Franziskanerklosters ▽

Bei der Fiesta de San Buenaventura ist die ganze Stadt auf den Beinen ▽

Das Batallón de Fuerteventura bei der Fiesta de San Buenaventura ▽

△ Weber in Betancurias liebevoll restaurierter Casa de Santa Maria, … … zu der auch ein Spezialitätenrestaurant gehört ▽

Anfang des 15. Jahrhunderts herrschten die beiden Könige Guize und Ayoze über die Insel Fuerteventura, die an ihrer engsten Stelle durch eine mächtige Zyklopenmauer in die beiden Reiche Maxorata im Norden und Jandía im Süden geteilt war. Die beiden Herrscher waren kampferprobte Männer, befanden sie sich doch ständig im Krieg. So verwundert es nicht, daß der normannische Adlige Jean de Béthencourt, den die kastilische Krone mit der Eroberung der Kanarischen Inseln betraut hatte, auf heftigen Widerstand der Ureinwohner stieß. Und sein erster Eroberungsversuch schlug auch fehl.

Erste Hauptstadt: Betancuria

Erst nachdem Béthencourt Verstärkung geholt hatte, setzte er mit seinem Mitstreiter Gadifer de La Salle von der bereits eroberten Nachbarinsel Lanzarote nach Fuerteventura über. Sie landeten an der Westküste nahe der jetzigen Fischersiedlung Ajuy und bahnten sich ihren Weg schluchtaufwärts durch den Barranco de las Peñitas. Nach heftigen Kämpfen konnten die Ureinwohner besiegt werden. Ihre Könige wurden auf die Namen Luís und Alfonso zwangsgetauft.

Béthencourt legte den Grundstein für die erste Niederlassung, die er Betancuria nannte und mit Bauern aus der Normandie und Südspanien besiedelte. Die Kirche von Betancuria wurde 1424 von Papst Martin V. zur Kathedrale erhoben, und die Ortschaft blieb über mehrere Jahrhunderte Hauptstadt der Insel.

In Betancuria wird der Inselpatron Buenaventura ganz besonders verehrt, denn am Namenstag des Heiligen, dem 14. Juli 1456, war Diego García de Herrera im Auftrag der Katholischen Könige auf Fuerteventura gelandet, um die Insel endgültig ans kastilische Mutterland zu binden. Das Eroberungsbanner mit dem Bildnis des Heiligen und dem Wappen Fuerteventuras wird seitdem jedes Jahr am 14. Juli auf einer Prozession durch das Städtchen getragen.

Mal Einöde, mal Kornkammer

›Wasser, Wasser, Wasser‹, rief der Dichter Unamuno aus, ›Herr, warum Land, wenn es an Wasser

△ Vega de Rio de Palmas: verlandeter Stausee Presa de las Peñitas ... ... und Einsiedelei Nuestra Señora de la Peña ▽

Überall im Landesinnern stehen Chicago-Windräder am Wegesrand ▽

△ Fuerteventuras wohl schönste Palmenoase: Vega de Rio de Palmas

Windmühle Typ ›Molino‹ im Museumsdorf von Antigua ▽

fehlt ?!‹ In der Tat ist Fuerteventura mit 150 Millimeter Niederschlag pro Quadratmeter die regenärmste Insel der Kanaren. In manchen Jahren fällt kein einziger Tropfen. Früher mußten die Insulaner oft genug auf der Nachbarinsel Gran Canaria um Brot betteln. In guten Erntejahren jedoch verwandelte sich die Insel in die Kornkammer der Kanaren. Davon zeugen zahlreiche Getreidemühlen und viele Wasserräder. Noch 1960 wurden 2600 Hektar Weizen und 2900 Hektar Gerste kultiviert. Heute allerdings ist es mit dem Getreideanbau auf der Insel vorbei.

Auf der ›Route der Mühlen‹

Die traditionelle Getreidemühle war der ›Molino‹, bestehend aus einem dreistöckigen runden Steinturm mit drehbarem Dach und vier bis sechs hölzernen Flügeln. Diese Mühle nach dem zentralspanischen Modell war zum Mahlen großer Getreidemengen ideal.

Ein ganz anderer, für die Kanarischen Inseln typischer Mühlentyp ist die ›Molina‹, deren Basis ein rechteckiges Gebäude von etwa zwei Metern Höhe bildet. Darauf erhebt sich ein Holzturm mit Flügeln, der sich nach der Windrichtung orientiert. Die ›Molina‹ braucht weniger Wind, der Mahlaufwand ist geringer, sie kann kleinere Mengen Getreide mahlen und produziert ein hochwertigeres Mehl als der ›Molino‹.

Im 18. Jahrhundert wurde auf Lanzarote und Fuerteventura die ›Tahona‹ entwickelt, eine von Dromedar oder Esel angetriebene Mehlmühle, auch Roß- oder Blutmühle genannt. Ähnlich wie die ›Tahona‹ funktionierten die Wasserschöpfräder, von denen ein besonders schönes Exemplar vor der Pfarrkirche von Pájara steht. Erst um 1900 wurden die tierbetriebenen Wasserräder durch aus Chicago importierte Windräder und später durch Motorpumpen ersetzt.

In Tiscamanita macht das neue Informationszentrum mit den Mühlentypen vertraut. Im Museumsdorf von Antigua kann man beim Mahlen zuschauen und sogar ein Päckchen Maismehl mit nach Hause nehmen. Die beiden Freilichtmuseen sind ein guter Auftakt für die Fahrt auf der ›Route der Mühlen‹ durch den ursprünglichsten Teil der Insel.

Handgepreßter Ziegenkäse mit geschützter Herkunftsbezeichnung ▽

△ Faro de Entallada: Fuerteventuras schönster Leuchtturm

Las Playitas: pittoresker Fischerort bei Gran Tarajal ▽

△ Fuerteventura-Ziegen gelten trotz der kargen Inselvegetation auch in ›Wildhaltung‹ als eine der produktivsten Rassen der Welt

△ Bescheidene Wohnhäuser im ländlichen Tuineje

Lavakieselabbau in der Caldera de la Laguna im Osten von Tuineje ▽

Winter-Tomaten aus Tuineje

Die Einwohner aus Tuineje haben mit dem Tourismus nicht viel im Sinn. Die meisten sind auf den Tomatenplantagen zwischen ihrem Heimatort und Gran Tarajal beschäftigt. Tuineje ist ein relativ wasserreiches Gebiet. Das sehr salzhaltige Wasser – sechs bis acht Gramm Salz pro Liter – ist zur Bewässerung der meisten Anbausorten jedoch nicht geeignet. Ausnahmen bilden Futterpflanzen, wie Alfalfa, und Tomaten. Die roten Früchte gedeihen unter Gazedächern, werden vor Ort verpackt und von Puerto del Rosario aus nach Europa verschifft.

1996 ernteten Tuinejes Bauern zwölf Millionen Kilo, die fast ausschließlich für den Export bestimmt waren. Auch in vielen deutschen Supermärkten sind im Winter die saftigen, leuchtend roten ›Tomaten aus Fuerteventura‹ im Angebot. Auf der Insel dagegen werden Tomaten von Gran Canaria verkauft.

Die Schlacht von Tamacite

Am 12. Oktober 1740 landeten englische Korsaren in der Bucht von Gran Tarajal und zogen plündernd Richtung Tuineje. Die Einwohner hatten keine Chance gegen die zahlenmäßig überlegenen Eindringlinge. Im letzten Moment kam ihnen jedoch eine rettende Idee: Unter Führung des Inselkommandaten trieben rund vierzig Insulaner am Fuß des Berges Tamacite ihre drei Dutzend Dromedare zu einem lebenden Schutzwall zusammen. Nur mit wenigen Gewehren ausgerüstet gelang es ihnen, die Freibeuter in die Flucht zu schlagen.

Ins Meer zurückgedrängt, ließen diese Waffen, Munition und zwei Kanonen zurück, die heute vor dem Museum von Betancuria stehen. Jedes Jahr im Oktober wird der ›Schlacht von Tamacite‹ in einem Historienspiel gedacht. Auch zwei Ölbilder auf dem Altarsockel von Tuinejes Pfarrkirche zeigen das Ereignis, zusammen mit einem zweiten Raubzug der Engländer, den die Majoreros ebenfalls siegreich abwehrten.

Ziegenkäse und Zickleinbraten

Eine besondere Rolle auf Fuerteventura spielen die Ziegen: Zum Aperitif, zur Hauptmahlzeit

△ Caleta de Fustes: Urlaubsfreuden im ›Club El Castillo‹ mit altem Wachturm

In Ajuy wird Thunfisch angelandet ▽

Fischeralltag am Strand von Ajuy ▽

△ Caleta de Fustes: Im Hafenturm gibt es ein aussichtsreiches Restaurant

Wrack der ›American Star‹ vor Las Salinas ▽

oder als Dessert gibt es Ziegenkäse, jeweils unterschiedlich in Art und Reifegrad. Besonders um die Weihnachtszeit genießt man ›Baifo‹, Zickleinbraten, der schon den Ureinwohnern prächtig gemundet haben soll. Auch Ziegenmilch wurde von ihnen bereits mit ›Gofio‹, Vollkornmehl, getrunken oder zu Käse verarbeitet und Ziegentalg als Brennstoff oder Heilmittel verwendet.
Rechnerisch kommen bald anderthalb Ziegen auf einen Insulaner. Wie die 1965 eingeführten nordafrikanischen Erdhörnchen haben sie sich zur wahren Plage entwickelt und die sowieso schon karge Vegetation stark in Mitleidenschaft gezogen. Dennoch fördern Inselregierung und Europäische Union ihre Haltung, denn die Käseindustrie ist ein wichtiges Standbein der Inselwirtschaft.
Neben den Ziegen der Küste, die ganz in Freiheit leben und nur der Fleischproduktion dienen, gibt es die halbfreien und die Gehege-Ziegen, die zwar hohe Futterkosten verursachen, dafür aber mehr Milch geben. Fuerteventura-Ziegen gelten als eine der widerstandsfähigsten und produktivsten Rassen der Welt.

›Quesos Maxorata‹ weltweit

Größte und praktisch einzige Käsefabrik der Insel ist ›S.A.T. Ganaderos de Fuerteventura‹ an der Landstraße zwischen Gran Tarajal und Tuineje. Pro Jahr produziert sie über 600 000 Kilo der Marke ›Quesos Maxorata‹. Angeboten werden die Sorten tierno (weich), semicurado (halbreif), curado (reif). Eine Besonderheit sind die mit Maismehl oder Paprikapulver umhüllten Käselaiber. Die ›Quesos Maxorata‹ werden auf der Insel verkauft, auf die Nachbarinseln verschifft und sogar nach Europa und Nordamerika exportiert. Unter der geschützten Herkunftsbezeichnung ›Queso majorero‹ ist Käse aus Fuerteventura auch in Deutschland erhältlich.
Daneben gibt es unter den über 700 Viehzüchtern noch viele, die ihren eigenen Käse machen. Ihnen steht der ›Consejo Regulador‹ mit Rat und Tat zur Seite, haben sie doch mit der Herstellung von fast zwei Millionen Kilo pro Jahr auf nichtindustriellem Gebiet die höchste Produktionsrate der Kanarischen Inseln.

Fuerteventura

Wo gibt es was?

Fähnchennummer = Textnummer ⓘ = Auskunft

La Ampuyenta ①

Das verschlafene Dorf liegt in der zentralen Ebene an der Straße nach Antigua.
Sehenswert ist die Franziskanerkirche San Pedro de Alcántara (17. Jh.) hinter zinnenbewehrter Mauer. Das reich ausgestattete Innere birgt bedeutende Malereien. Die roten Gebäude (um 1900) dahinter waren als Krankenhaus gedacht, wurden aber nie ihrer Bestimmung übergeben.
Die Villa Antigua (um 1800) schräg gegenüber bietet neben Gemälde- und Fotoausstellungen Kunsthandwerk, kleine Gerichte, kanarische Weine und selbstgebackenen Kuchen an. Eine sehenswerte Multivision-Show (ca. 16 Uhr) zeigt die Naturschönheiten der Insel (di–sa 11–18 Uhr).

Antigua ②

Von 1834 bis 1835 war die gepflegte Ortschaft (3000 Ew.) kurzzeitig das politische Zentrum Fuerteventuras.
Sehenswert ist die einschiffige Pfarrkirche Nuestra Señora de la Antigua (16./19. Jh.) mit schöner Mudéjar-Holzdecke, grün und rosa bemaltem Madonnen-Retabel und drei Seitenaltären, deren Heiligenfiguren hinter Glasscheiben stehen, sowie einem Gemälde vom Jüngsten Gericht an der linken Seitenwand. Vor der Kirche liegt eine weitläufige Parkanlage mit Blumen, Palmen und Lorbeerbäumen.
Museumsdorf: Das Poblado Majorero de Antigua mit Windmühle, Wasserschöpfrad und Kakteengarten hat auch eine Töpferwerkstatt, ein Kunsthandwerksgeschäft, Ausstellungsräume, Videoraum und ein hervorragendes Restaurant (tgl. 10–18 Uhr).
Markt u. Veranstaltung: Wochenmarkt (jeder 2. So im Monat); bedeutende Kunsthandwerksmesse (Ende Mai).

Betancuria ③

Die in einem von hohen Bergen umschlossenen idyllischen Tal gelegene Siedlung wurde 1404 von Jean de Béthencourt gegründet und trägt den Namen des normannischen Eroberers. Zum Gemeindebezirk (nur 570 Ew.) gehören *Valle de Santa Inés* und *Vega de Río de Palmas*.
Sehenswürdigkeiten: Als Betancuria noch Bischofssitz war, trug die Kirche Santa María den Titel einer Kathedrale. Baubeginn war 1410. Nachdem Kirche und Ort 1593 durch den Piraten Xabán Arraez vollkommen zerstört wurden, dauerte der Wiederaufbau mehrere Jahrhunderte. Bemerkenswert im Innern sind das Tafelwerk über der Sakristei, das Chorgestühl, die Retabel und die besonders wertvolle Figur der Jungfrau Santa Catalina, die vermutlich aus der Normandie stammt und als eine der ältesten Schnitzfiguren der Kanarischen Inseln gilt. Das Museum der Sakralen Kunst zeigt Goldschmiede- und Schnitzarbeiten (Kirche und Museum mo bis sa 10.30–17 Uhr).
Im oberen Ortsteil liegen die Gärten und Reste des 1414 gegründeten Franziskanerklosters. Eine Gedenktafel erinnert an den Klostergründer Diego García de Herrera († 1485), der hier seine letzte Ruhe fand. Die naheliegende Kapelle San Diego de Alcalá (17. Jh.) wurde 1876 restauriert.
Museum: Im Heimatmuseum Casa-Museo de Betancuria geben archäologische Funde und ethnologische Gerätschaften Aufschluß über Geschichte und Traditionen der Insel (di–sa 10–17, so 11–14 Uhr).
Die liebevoll restaurierte Casa Santa María in gepflegtem Garten birgt eine Sammlung zeitgenössischer Kunst. Ein Videofilm (20 min.) zeigt die Naturschönheiten der Insel. Kunsthandwerker (Weber, Palmenflechter, Hohlsaumsticker und Töpfer) pflegen altes Handwerk. Zwei Läden mit Keramik, Kunsthandwerk und Kulinarischem vom Kaktuslikör bis zur Tomatenmarmelade, ein Spezialitätenrestaurant und eine Bodega mit Weinausschank gehören ebenso dazu (Ausstellungssäle und Multivision mo–sa 11–15.30, Restaurant tgl. 11–18 Uhr).
Veranstaltungen: Fiesta de San Buenaventura (14. Juli); Wallfahrt der Majoreros zur Virgen de la Peña in *Vega de Río de Palmas* (3. Wochenende im Sept.).
Umgebung: Der Aussichtspunkt *Mirador de Morro Velosa* (3 km nördl.) mit Restaurant und Café wurde nach einen Entwurf von César Manrique 1997 vollendet.
Bei *Vega de Río de Palmas* (5 km südl.) birgt die Kapelle Ermita de Nuestra Señora de la Peña die Alabasterfigur der Schutzpatronin Fuerteventuras (di–so 11–13 u. 17–19 Uhr). Von der Kirche führt die Straße durch das von Palmen und Feigenkakteen umgebene Ortszentrum hinab in den Barranco de las Peñitas und zum gleichnamigen Stausee.

Pájara ④

Die schmucke Verwaltungshauptstadt des gesamten Inselsüdens wurde im 16. Jh. gegründet. Das Gemeindegebiet umfaßt 384 qkm Fläche und 150 km Küstenlinie.
Sehenswert ist die zweischiffige Pfarrkirche Nuestra Señora de Regla (18. Jh.) mit aztekisch anmutendem Portal. Innen thront auf dem linken Hochaltar die Jungfrau von Regla. Vor der Kirche steht ein altes Schöpfrad, das einst ein Dromedar drehte. Neben der Kirche hat das neue Kulturzentrum Restaurant und Schwimmbad.
Veranstaltung: Patronatsfest zu Ehren der Jungfrau von Regla mit Prozession sowie Musik, Tanz, Sport (Mitte Aug.).
Umgebung: Einst als Kalkausfuhrhafen diente *Puerto de la Peña/Ajuy* (9,5 km nordwestl.). Im Kontrast zum schwarzen Sandstrand steht das schneeweiße Kulturzentrum am Ortsrand. Recht eigenwillig ist die Dekoration der Strandbar ›La Jaula del Oro‹ (Goldkäfig), deren Besitzer als liebenswürdiges Original gilt. Am Nordrand der Bucht führt ein Stufenweg an der Steilküste zu den umliegenden Höhlen.
Nahe der *Casas de Las Salinas* (15 km südwestl.) erlitt das Passagierschiff ›American Star‹ im Winter 1994/95 Schiffbruch.

Tuineje ⑤

Der stille Ort am Westrand der Lavagebiete Malpaís Chico und Malpaís Grande ist Mittelpunkt der gleichnamigen Gemeinde, die noch immer vom Tomatenanbau lebt.
Sehenswert ist die Kirche San Miguel Arcángel. Die Fassade, zum Teil Naturstein, ziert eine eiserne Kreuzigungsgruppe. Am Fuß des Hochaltars zeigen zwei Gemälde die Schlacht von Tamacite 1740.
Veranstaltungen: Patronatsfeier (Sept.); Historienspiel Tamacite-Schlacht (13. Okt.).
Umgebung: In *Tiscamanita* (3 km nördl.) liegt die Pfarrkirche San Marcos (17. Jh.) hinter zinnengekrönter Mauer. Neben der Windmühle am Ortsrand findet man ab 1998 das neue Mühlenmuseum Centro de Interpretación de los Molinos.

Caleta de Fustes ⑥

Die Feriensiedlung nennt man wegen ihres Festungsturms (18. Jh.) auch El Castillo.
Aktivitäten: Windsurfen, Segeln, Tauchen am Hafen und in der geschwungenen Bucht mit feinem, hellen Sandstrand; Freizeitpark Lagos de Antigua (40 000 qm, 1 km nördl.) mit zwei großen Meerwasserschwimmbecken und riesigem Whirlpool.
Umgebung: Die *Salinas del Carmen* (3 km südl.) sind die einzigen Salinen der Insel. Als Freilichtmuseum sollen sie erneut jährlich 400 t Salz produzieren. Im Freigehege *Camello Caravana* (6 km südl.) mit über 90 Dromedaren stehen Tiere zum Ritt (20 min.) bereit. Im Zeltrestaurant wird marokkanische Kost serviert (tgl. 9–17.30 Uhr). Die Ausgrabung *La Atalayita* (16 km südl.) im Naturpark von Pozo Negro erinnert an die Ureinwohner.
ⓘ Apartamentos Caleta Dorada,
E-35630 Caleta de Fustes.

Gran Tarajal ⑦

Fuerteventuras zweitgrößte Stadt (3500 Ew.) und zweitwichtigster Hafen gilt als Tor zum Inselsüden. Ganzer Stolz ist der Palmenhain am Ortseingang. Die Promenade säumen Kaffee- und Restaurantterrassen.
Umgebung: Idyllisch ist der Fischerort *Las Playitas* (4 km östl.), schönster Leuchtturm der Insel der *Faro de Entallada* auf dem Peñón del Roque (185 m, 5 km östl.). 100 km trennen die Punta de la Entallada vom Kap Juby in Afrika.
Veranstaltungen: Karneval (Jan./Febr.); Patronatsfeier zu Ehren der Virgen de la Candelaria (2. Febr.).

Maßstab 1:150.000 0 2 4 6 8km

Maritimes Erlebnis ist ein Segeltörn auf der Regattayacht ›Maxi‹ mit Heimathafen Morro Jable.

Halbinsel Jandía, ein Wassersport-Paradies

Fuerteventuras Halbinsel Jandía hat alles, was das Herz eines jeden Wassersportlers höher schlagen läßt – von der Angeltour bis zum Tauchgang, vom Speedsurfen bis zur Segeltour. Der beständig wehende Nordostpassat garantiert immer eine frische Brise. Wanderer und Bergsteiger hingegen finden im Inneren der unter Naturschutz stehenden Halbinsel ein herrliches Betrachtungs- und Aktionsfeld.

△ Costa Calma, die nördlichste Feriensiedlung an der Playa de Sotavento

Jandía Playa: Der ältesten Feriensiedlung der Halbinsel liegen die Sandbuchten zu Füßen ▽

△ Ferienspaß: Windsurfen an der Playa de Sotavento, ...

...Go-Kart-Fahren in Cardón ▽

△ Im Parque de los Camellos bei La Lajita warten die Dromedare geduldig auf abenteuerlustige Strand- und Safarireiter

Der Sotavento-Strand ist der Topspot für Speedsurfer. Hier zeigt der ablandige Passat noch ein bis zwei Stärken mehr auf der Beaufort-Skala. Beste Surfsaison ist der Hochsommer, denn dann weht der Passatwind gleichmäßiger, und das Wasser ist warm genug, um in Badekleidung zu surfen. Im Winter wechseln die Winde oft Richtung und Stärke, und das Wasser ist dann sehr viel kühler.

Treffpunkt der Speedsurfelite

Seit 1983 in Jandía das erste Mal Speedsurf-Weltmeisterschaften ausgetragen wurden, trifft sich dort jedes Jahr im Hochsommer zwei Wochen lang die Weltsurfelite. Dreh- und Angelpunkt der Szene ist das Surfhotel ›Los Gorriones‹. In ihm bietet das große Windsurfzentrum des Schweizers René Egli nicht nur eine große Auswahl an Surfmaterial, sondern organisiert auch die unterschiedlichsten Kurse, stellt ein Rettungsboot zur Verfügung und erarbeitet eine jährliche Windstatistik. Jeden Donnerstag um 15 Uhr findet eine Windsurf-Funregatta statt. Und wer nicht selbst aufs Brett steigt, dem kann an der Playa Barca schon vom Beobachten schwindlig werden, wenn die Hochgeschwindigkeitssurfer mit über 80 Stundenkilometern übers Meer flitzen.

Leinen los für ›Pedra Sartaña‹

Pünktlich um 10 Uhr heißt es in Morro Jable ›Leinen los‹. Der alte Zweimastschoner ›Pedra Sartaña‹ sticht in See. Je nach Wind- und Wasserverhältnissen verläßt er das Hafenbecken in östliche oder westliche Richtung. Geht es nach Osten, vorbei am Leuchtturm von Jandía, werden auf der Höhe des Aldiana-Ferienclubs die Segel gehißt, das Schiff kommt in Fahrt. Mit etwas Glück kann man Delphine sehen, die schwungvoll aus den Wellen in die Höhe schießen.
Im Windschatten eines Barranco, dort wo die Küste am einsamsten und das Wasser glasklar ist, wird geankert. Die Besatzung bereitet das Mittagessen zu. Die rund 60 Passagiere genießen Sonne, türkisblaues Meer, schnorcheln an fischreichen Riffen und schwimmen bis zum nächsten Sandstrand.

△ Morro Jable: Bei der Fiesta del Carmen mit Bootsprozession ...

... ›entsteigt‹ die Heiligenfigur der Flut ▽

Das Fischernest Puerto de la Cruz am Fuß des Vulkans Las Talahijas ▽

Nur eine Piste erschließt die einsame Westküste Playa de Barlovento ▽

An der Strandpromenade von Morro Jable laden zahlreiche Cafés und Restaurants zur Einkehr ein ▽

△ Einsam und verlassen wartet die rätselhafte Villa Winter bei Cofete auf ihre zukünftige Nutzung

Geheimnisvolle Villa Winter

Warum der deutsche Ingenieur Gustav Winter Ende der dreißiger Jahre fast die ganze Halbinsel Jandía pachtete und bei der kleinen Fischersiedlung Cofete eine protzige Villa mit festungsartigem Rundturm errichten ließ, darüber wird noch heute spekuliert. Im Zweiten Weltkrieg wurde die Halbinsel militärisch abgeschottet, die wenigen Einwohner des Dorfes Cofete zwangsweise umgesiedelt. Seitdem weiß niemand, was in den Kriegsjahren passierte.
Sicher ist, daß Gustav Winter über 20 Jahre in der spanischen Industrie arbeitete. Seine Aufträge reichten von der Elektrifizierung Gran Canarias, über landwirtschaftliche Großprojekte bis zum Ausbau der kanarischen Fischereihäfen. Nach Kriegsende betrieb er Ackerbau und Viehzucht im großen Stil, legte Tomatenplantagen an, produzierte Ziegenkäse und schuf Arbeitsplätze.
Nach seinem Tod 1971 und nachdem die Halbinsel Jandía zum Naturpark erklärt worden war, durften Cofetes einstige Einwohner ihre verfallenden Häuser wiederaufbauen. Stückweise verkauften die Winters das später in ihren Besitz übergegangene Anwesen. Der künftige Verwendungszweck der Villa ist heute so ungewiß wie ihre Vergangenheit.

Wolfsmilch und Wüstenblume

Cardón de Jandía (euphorbia handiensis) ist ein kakteenartiges, bis zu einem Meter hohes Wolfsmilchgewächs, das kleine, rötliche Blüten trägt. Von dieser Pflanze gibt es nur noch eine kleine Kolonie auf der Halbinsel, im Barranco de Gran Valle, weshalb ein Großteil des Gebiets unter Naturschutz steht.
Der verwandte kanarische Cardón (euphorbia canariensis) ist häufiger anzutreffen. Überall begegnet man auch Fuerteventuras Wüstenblume, der Aulaga. Der blattlose Ginsterstrauch wächst in Felsspalten, im Schatten von Tamarisken und in der vegetationslosen Steinwüste. Seine krummen Stengel tragen keine Blätter, sondern Dornen, einzige Zier sind vereinzelte gelbe Blüten. Nur das Dromedar interessiert sich für die Aulaga, die Miguel de Unamuno in seinem Prosagedicht ›Der Ginster von Fuerteventura‹ verewigt hat.

Fuerteventura

Wo gibt es was?

Fähnchennummer = Textnummer ℹ = Auskunft

Tarajalejo ①

Das natürlich gewachsene Fischerdorf und der gepflegte Hotelkomplex ›Tofio‹ liegen einträchtig nebeneinander. Der alte Ortsteil mit seinen einfachen Fischlokalen und schlichter Kirche drängt sich an den Ostteil des schwarzen, feinsandigen Strandes.
Galerie: In der Galerie D7, Calle Isidro Díaz 5, zeigen deutsche Künstler eigene Werke (mo–fr 10.30–14 u. 17–21 Uhr).
Aktivitäten: Reiten; Tennis; Squash; Minigolf; Mountainbiken; Surfen; Bootstouren. Pendelbus zu den Stränden Costa Calmas.
Veranstaltungen: Kanarischer Ringkampf Lucha Canaria – der Ort hat eine der berühmtesten Mannschaften der Kanaren – in der Ringkampfarena (fast jedes Wochenende); Patronatsfest zu Ehren des Heiligen Herzens Sagrado Corazón (8. Mai); Fiesta de Nuestra Señora del Carmen (16. Juli) in dem noch typischen Fischerdorf *Giniginamar* (12 km östl.).
Umgebung: Bei *Tamaretilla-Cardón* (9 km nördl.) leben auf dem Gut Finca El Matorral (40 000 qm) Ziegen, Esel, Pferde, Kühe und Dromedare. Weiter findet man einen kleinen Kakteengarten und einen Teich mit Enten, Gänsen, Fasanen und exotischen Vögeln. In der Gofiomühle wird Maismehl gemahlen, das Wasserschöpfrad dreht ein Maulesel, die Käserei produziert Ziegenkäse (tgl. 10–18 Uhr).
Im Kaktuspark von Cardón mit Gofiomühle finden Kinder eine Go-Kart-Bahn.

La Lajita ②

Im Zentrum treffen sich die Einheimischen in der Bar ›Sotavento‹ zu Ziegenkäse, frischem Fisch und Zickleinbraten. Neben der modernen Kirche liegen Fischerboote auf dem dunklen Kies, doch nur noch wenige Fischer fahren aufs Meer hinaus.
Freizeitpark: Im Parque de los Camellos, an der Hauptstraße Richtung Jandía, stehen Dromedare und Ponys für Kinder zum Strandritt bereit, findet man einen kleinen Zoo mit exotischen Vögeln und Äffchen, eine Papageienshow (tgl. mehrmals), ein Gartenzentrum mit tropischen und subtropischen Pflanzen sowie Erfrischungen unterm Palmendach (tgl. 10–18 Uhr).

La Pared ③

Die junge Feriensiedlung mit bisher nur einem Hotel liegt an der einsamen, völlig unberührten Nordwestküste der Halbinsel.
Aktivitäten: Mountainbiketouren; Bergwandern; Reitausflüge; Golfakademie mit Golfschule, Zielgolfanlage, Driving Range, Putting Greens, Clubhaus, Restaurant; Bademöglichkeiten an der *Playa del Viejo Rey* und *Playa de la Pared* unterhalb der Steilküste; Strandwandern (Baden lebensgefährlich!) am kilometerlangen, unberührten Strand *Playa de Barlovento* (südl.).
Umgebung: Am *Istmo de la Pared*, einer 6 km breiten Landenge, deren steinige, wüstenartige Hügellandschaft mit niedrigem, kissenartigem Buschwerk bewachsen ist, soll einst die Mauer La Pared zwischen den beiden sagenumwobenen Königreichen Maxorata und Jandía verlaufen sein.
Hier beginnt die zur Gemeinde Pájara gehörige *Halbinsel Jandía* (ca. 200 qkm), die – abgesehen von der schmalen Südostküste – fast ganz unbesiedelt ist. Der *Pico de la Zarza* (807 m) ist der höchste Punkt des Zentralmassivs, das sich wie ein Rückgrat durch die Halbinsel zieht. Das Binnenland und die gesamte Westküste *Playa de Barlovento* sind Naturschutzzone mit einer einmaligen Pflanzen- und Vogelwelt.

Costa Calma ④

Die Ursprünge des Urlaubsgebiets gehen auf die 70er Jahre zurück. Für die Insel ungewöhnlich ist der dichte Grüngürtel aus Palmen und Tamarisken zu beiden Seiten der Durchgangsstraße, der die Hotels von dem Verkehrslärm abschirmt und ein parkähnliches, angenehm schattiges Spazierwegenetz entstehen ließ.
Aktivitäten: Fitneßcenter; Sauna; Tennis; Squash; Fahrradverleih; Minigolf; Tauchen; Windsurfen; Wattlaufen in der Lagune; Strandwandern auf der Nehrung (4 km) zwischen *Playa Barca* und *Risco del Paso*; Baden an den verschiedenen Stränden der 20 km langen *Playa de Sotavento*.
Nachtleben: Diskos, Live-Musik, Shows Tanzveranstaltungen in den Hotelanlagen.
Flohmarkt: Einkaufszentrum El Palmeral (1. u. 3. Mi im Monat):
Umgebung: Ein Aussichtspunkt (12 km südl. oberhalb des Barranco del Salmo) bietet einen herrlichen Blick auf die Sotavento-Strände und die Vulkanberge des nördlichen Inselteils. Kurios ist das Zuckerbäckerhaus auf der Steilküste südlich des Barranco del Mal Nombre.

Jandía Playa ⑤

Für den ältesten Ferienort der Jandía-Halbinsel typisch sind die terrassenförmig in den Hang gebauten, blumengeschmückten Hotels. Östlich liegen die Feriendörfer Robinson Playa Club und Club Aldiana mit ihren weitläufigen Garten- und Poolanlagen.
Aktivitäten: Tennis; Squash; Mountainbikeverleih; Tauchen; (Katamaran)segeln; Windsurfzentrum ›Pro Center René Egli‹ im Surfhotel ›Los Gorriones‹; Baden an der *Playa del Matorral* direkt vor den Hotels mit dem Leuchtturm als Mittelpunkt.
Nachtleben: Diskos, Live-Musik, Shows, Tanzveranstaltungen in den Hotelanlagen.
Umgebung: Auf der naturgeschützten Salzwiese (über 1 qkm) *Saladar de Jandía* (1 km nordöstl.) wachsen viele nur auf Salzboden gedeihende Pflanzen (Halophyten), darunter einige Gänsefußgewächse.
ℹ Oficina de Turismo, Shopping Center, E-35626 Jandía Playa.

Morro Jable ⑥

Das ehemalige Fischerdorf ist fast mit der Ferienstadt Jandía Playa zusammengewachsen. In den engen Gassen am Rand des Barranco de las Damas drängen sich Boutiquen und Souvenirgeschäfte, an der Strandpromenade reihen sich Cafés und Fischrestaurants aneinander, am neuen Hafen (500 m östl.) entladen die Fischer ihren Fang, wird im Restaurant ›El Muelle‹ erstklassiges Meeresgetier serviert.
Sehenswert ist die Kapelle San Miguel Arcángel (1948) mit dem schönen Kachelbild neben dem Portal im oberen Ortsteil.
Aktivitäten: Wassersport in dem benachbarten *Jandía Playa*; Wanderungen und Jeeptouren nach *Cofete* (13 km nördl.).
Schiffsausflüge: Hochseeangelfahrten (Thunfische u. Barrakudas) und Haifischtouren mit der ›My-Lily‹ (Tel. 540441); erlebnisreicher Tagesausflug mit dem urigen Handelssegler ›Pedra Sartaña‹ (tgl. 10 Uhr, Tel. 989745171); Schnellbootfähre nach Las Palmas de Gran Canaria (regelmäßig, Trasmediterranea, Tel. 540250).
Nachtleben: Diskos, Live-Musik, Shows, Tanzveranstaltungen in den Hotels; Kneipen auch in den Gassen im Ortszentrum.
Veranstaltung: Fiesta de Nuestra Señora del Carmen (16. Juli).

Puerto de la Cruz ⑦

Das winzige Fischernest mit einfachen Wochenendhäusern und dem Ausflugslokal ›Tenderete‹ liegt im äußersten Westzipfel der Insel. Den nahen Leuchtturm an der *Punta de Jandía* trennen 20 Pistenkilometer vom Hafen von Morro Jable.

Cofete ⑧

Oberhalb von der Steilküste der *Playa de Cofete* (14 km) liegt die gleichnamige, auf vielen Karten als ›verlassener Ort‹ angegebene und nur auf sehr schlechter Erdpiste erreichbare Siedlung. Nach der Pachtung der Halbinsel durch den deutschen Ingenieur Gustav Winter, wurden ihre Bewohner an die Küste umgesiedelt. Die jetzigen Hausbesitzer kommen nur zum Wochenende und in der Ferienzeit. Die Villa Winter ist heute verlassen, ihre zukünftige Nutzung noch ungewiß.
Aktivitäten: Anlaufstelle für Wanderer und Jeeptouristen ist die Bar ›Cofete‹ (tgl.).
Umgebung: An der sandigen *Playa de Cofete* finden Strandwanderer ein vollkommen unberührtes Terrain (Baden lebensgefährlich!). Atemberaubend ist der Blick auf die Westküste von der Paßhöhe *Degollada de Cofete* (300 m, 10 km nördl.).

Maßstab 1:150.000
0 2 4 6 8 km

Ganz im Stil der heutigen Zeit: das Wohnhaus von César Manrique in Tahiche, dessen Kakteengarten ein buntes Mosaik umrahmt.

Lanzarote, eine Insel für Ästheten

Die kleinste der Ostkanarischen Inseln beeindruckt mit 300 Vulkanen und einer kontrastreichen Landschaft in Schwarz, Weiß, Grün. Dazu hat César Manriques künstlerischer Elan Lanzarote allerorten geprägt: in den Höhlen bei Arrieta, im Mirador del Río mit herrlichem Blick auf die Inselwelt um Graciosa, im Kakteengarten von Guatiza. Historisches Ambiente bietet die frühere Inselhauptstadt Teguise mit Burgmuseum, alten Klöstern, prächtigen Herrenhäusern und urigen Tavernen.

Im Hafen von Caleta del Sebo auf La Graciosa ▽

△ Eindrucksvoll ist der Blick vom Mirador del Río auf die vorgelagerten Inseln Graciosa, Alegranza und Montaña Clara

Fischeralltag in Caleta del Sebo ▽

△ Arrieta: Fischgenuß im Terrassen-Restaurant direkt an der Küste

Cueva de los Verdes: See in der Lavahöhle ▽

Die Gewalten der Natur und der schöpferische Geist des Menschen haben Lanzarote zu einer Insel von ganz eigener Faszination und Schönheit gemacht. Durch die heftigen Vulkanausbrüche des 18. Jahrhunderts wurden große Teile der Insel unter Lavamassen verschüttet und mit Vulkanasche bedeckt. Doch aus dem Chaos entstand ein Kunstwerk: hie eine Natur-, da eine gestylte touristische Musterinsel.

Wandel durch Tourismus

Der Tourismus, der in den sechziger Jahren auf Lanzarote Einzug hielt, hat den ›Conejeros‹, wie die Insulaner sich nennen, eine willkommene neue Einkommensquelle gebracht. Als Folge veränderten sich die Bevölkerungsstrukturen nachhaltig: Waren 1965 noch 3600 Bauern in der Landwirtschaft beschäftigt, lebten 1995 nur noch 600 Personen vom Ackerbau. Und von den damals rund 2900 Fischern fahren in den neunziger Jahren nur noch 500 aufs Meer hinaus. Die meisten der gemeldeten 78 000 Einwohner arbeiten inzwischen im Dienstleistungsgewerbe und kümmern sich um die Feriengäste aus Großbritannien und Deutschland, deren Zahl innerhalb von dreißig Jahren von 8000 auf 1,5 Millionen jährlich gestiegen ist.
1966 wurde am Strand von Puerto del Carmen im Südosten der Insel das erste Hotel eingeweiht. Heute steht dort mehr als die Hälfte der 53 000 Fremdenbetten. In den siebziger Jahren entstand Costa Teguise, und Mitte der achtziger Jahre kam Playa Blanca Sur ganz im Süden hinzu. Damit ist Lanzarotes Hotelstruktur besiegelt. Denn 1990 setzte ein Dekret die maximale Bettenzahl fest und beschränkt überdies die touristische Bebauung auf die drei eben genannten Gebiete.

Unesco-Biosphärenreservat

Zum weiteren Schutz der natürlichen Schönheit der Vulkaninsel und ihres kulturellen Erbes wurde Lanzarote im Oktober 1993 von der Unesco zum Biosphärenreservat erklärt. Eine Auszeichnung, die bestehende Werte würdigt und die Verpflichtung auferlegt, das wirtschaftliche Wachstum verantwor-

△ Afrika läßt grüßen: Oasendorf Haría im ›Tal der tausend Palmen‹

Windräder-Park bei Los Valles ▽

Schachbrettartig angelegt: die Salzbecken der Salinen von Los Cocoteros bei Guatiza ▽

César Manriques letztes Werk: der Kakteengarten mit Windmühle im Dörfchen Guatiza ▽

△ Zentrum von Haria ist die Plaza de la Constitución vor dem Rathaus

△ Ganz in Weiß erstrahlt der kleine Ort Los Valles mit der gleichnamigen kleinen Kapelle ›Ermita del Valle‹

tungsbewußt und umweltgerecht zu fördern. Ein Trapezakt, für den viel guter Wille und Fingerspitzengefühl nötig sind. Zu den dringendsten Anliegen Lanzarotes gehören nun neben der Kontrolle des touristischen Wachstums, der Ausbau alternativer Energiequellen und die Entwicklung eines umweltfreundlichen Abfallentsorgungskonzepts.

Opuntien zur Cochenillezucht

Viele Jahrhunderte lang bot die Landwirtschaft die Lebensgrundlage der Insulaner. Noch Mitte des 19. Jahrhunderts waren zum Beispiel weite Teile Lanzarotes, wie auch Teneriffas und Gran Canarias, von Nopalpflanzungen bedeckt, auf denen man die Cochenille-Schildlaus kultivierte. Die aus dem Insekt zu gewinnende Karminsäure fand als roter Naturfarbstoff in der europäischen Textilindustrie lukrative Absatzmärkte.

Nopal oder Opuntie, wie der stachelige Feigenkaktus genannt wird, und der auf ihm lebende Parasit stammen aus Mittelamerika und wurden in den zwanziger Jahren des 19. Jahrhunderts auf die Kanarischen Inseln gebracht. Das einträgliche Geschäft erreichte zwischen 1860 und 1870 seinen Höhepunkt. Mit Entdeckung der chemischen Anilinfarben sanken jedoch ab 1880 die Preise, und die Zucht wurde langsam eingestellt.

Nur auf Lanzarote findet man noch Opuntienfelder mit Cochenillezucht. Produktion und Nachfrage sind in den letzten 25 Jahren wieder angestiegen – ebenso die Kilopreise: von 1900 auf 15000 Pesetas zwischen 1971 und 1996.

Rot für Lippenstifte

Im Nordosten Lanzarotes, rund um die Dörfer Guatiza und Mala, sind jetzt wieder über 200 Hektar mit Feigenkakteen bepflanzt, auf deren fleischigen Blättern die vier bis sechs Millimeter langen Schildläuse sitzen. In den Sommermonaten schaben Feldarbeiter die Schmarotzer, die sich vom Saft der Wirtspflanze ernähren und mehrmals jährlich fortpflanzen, von den Kakteen. Die Läuse werden auf einem Holzsieb verteilt, durch kräftiges Schütteln getötet, einige Tage in der Sonne getrocknet, gereinigt

Pause für eine kleine Stärkung beim Marktbummel in Teguise ▽

△ Teguise: Besucher des Auswanderermuseums im Castillo de Santa Barbara ... ... und auf dem Sonntagsmarkt ▽

Tête-à-tête in ›La Cantina‹, einer typischen Bodega in Teguise ▽

△ Teguise: das Castillo de Santa Barbara auf dem Hausberg Guanapay ... ... und die Pfarrkirche San Miguel im Ortszentrum ▽

und für den Export in luftdurchlässige Säcke gefüllt. Die Karminsäure wird heute vor allem in der Lebensmittel-, Pharma- und Kosmetikindustrie verwendet. Hauptabnehmer sind Italien, England und Frankreich.

Acatife – Musik aus Lanzarote

Eine gemütliche Taverne im Zentrum von Teguise trägt den altkanarischen Namen Acatife, und so heißt auch eine der erfolgreichsten Musikgruppen Lanzarotes, zu der 25 Musiker zwischen 16 und 43 Jahren gehören. Das Repertoire der 1983 gegründeten Gruppe umfaßt eigene Kompositionen, wiederentdeckte Stücke traditioneller Musik und viele Folklore-Varianten, darunter die beliebten ›Cantos de Lanzarote‹.

Tourneen durch Spanien, Deutschland und Frankreich brachten der Gruppe viel Erfolg. Wer Glück hat, kann sie auch auf Lanzarote in ihren traditionellen Trachten mit dunkelgrauen Hosen, weißen blusenartigen Hemden, schwarzem Gürtel und Halstuch sowie schwarzen Stiefeln bei einem Auftritt erleben. Zu ihren Instrumenten gehören verschiedene Schlaginstrumente, Gitarren, Mandolinen, Baß und selbstverständlich das kanarische Zupfinstrument par excellence: der Timple.

Teguise und die Timples

Teguise gilt als Wiege der Timples, dieser kleinen, kaum mehr als 100 Gramm wiegenden, gitarrenähnlichen Zupfinstrumente mit vier oder fünf Saiten, die überall zum Kauf angeboten werden. Noch heute gibt es in Teguise mehrere Timplewerkstätten. Einer der alteingesessenen Timplebauer ist Estebán, der in seiner geräumigen Werkstatt aus verschiedenartigsten Hölzern millimeterdünne Platten schneidet. Besonders das Holz des Maulbeerbaums wird gern verarbeitet, aber auch Nußbaum, Palisander oder Kiefernholz finden Verwendung.

Für die filigranartigen Verzierungen des Gehäuses mit winzigen Perlmuttsplittern, Ebenholz- und Elfenbeinwürfeln sind Pinzette und Lupe unerläßlich. Diese Einlegearbeiten sind eine wahre Sisyphusarbeit, und ihre Güte bestimmt entscheidend den Preis des Instruments. Die heut-

△ Fundación César Manrique in Tahiche: Das Tor zu der ehemals privaten Welt des Inselgestalters

△ Manriques einstiges Wohnhaus ist nicht nur in die Lava gebaut, sondern mit ihr verschmolzen, ...

△ ... auch der Pool in der Lavablase

Auf der Mole von La Caleta de Famara ▽

Beschaulich geht es zu in der kleinen Fischersiedlung La Caleta de Famara an der Küste im Norden von Teguise ▽

zutage serienmäßig hergestellten, schmucklosen Modelle sind schon für hundert Mark zu haben. Einem Vergleich mit den Meisterwerken Estebáns, die mehrere tausend Mark kosten können, halten sie natürlich nicht stand.

Inselgestalter César Manrique

Architektonische Wunderwerke schuf César Manrique auf Lanzarote, der mit seinem Design den Geschmack unserer Tage voll getroffen hat. Im April 1919 in Arrecife geboren, entdeckte der Künstler schon früh seine Liebe zur Natur, schlugen ihn die Farben und Formen seiner Heimat in ihren Bann. Früher als ihre kanarischen Nachbarn erkannten die Lanzaroteños den Wert der Erhaltung ihrer Kultur und Umwelt – nicht ohne den entscheidenden Einfluß Manriques, der sich für die Bewahrung der Natur und der traditionellen Bauweise seiner Insel einsetzte.

Der facettenreiche Künstler hatte in Madrid studiert und war später nach New York gegangen, wo er 1966 in sein Tagebuch schrieb: ›Ich denke mehr denn je an die Insel, ich glaube, daß dort mein Platz auf Erden ist ...‹ Einige Monate später kehrte er für immer nach Lanzarote zurück, baute sich ein Haus im Lavafeld von Tahíche und begann mit der Realisierung seiner berühmtesten Bauwerke, die heute über die ganze Insel verstreut sind und Besucher aus aller Welt faszinieren: von der 1968 gestalteten Vulkanhöhle Jameos del Agua über den bewußt schlicht gehaltenen Höhlenkomplex Cueva de los Verdes gleich in der Nachbarschaft, den Anfang der siebziger Jahre in einem ehemaligen Militärposten eingerichteten Aussichtspunkt Mirador del Río am Rand des Famara-Kliffs bis zu seinem letzten Werk, dem 1990 eröffneten Kakteengarten in Guatiza.

Kein anderer hat es verstanden, Architektur, Kunst und Natur so harmonisch miteinander zu verbinden wie er. Viele seiner Projekte blieben unvollendet. Aber der Geist des 1992 bei einem Autounfall tragisch ums Leben gekommenen Künstlers, der Lanzarote zu einem Kunstwerk unter freiem Himmel gemacht hat, lebt überall weiter.

Lanzarote

Roque del Oeste (o del Infierno)
Punta de la Camella
Caletón Oscuro
Montaña Clara
Montaña Clara 256
Caleta de Guzmán
Los Caletones
Punta Gorda
Punta del Agua
Baja de las Majapalomas
Playa Lambra
Playa de las Conchas
Montaña Bermeja 157
Pedro Barba
Punta de Pedro Barba (o de la Sonda)
La Baja del Ganado
Graciosa
Caleta de Pedro Barba
Las Agujas 266
Punta del Bajío
Caleta del Morro de Abajo
Caleta de Burro
Transbordador de pasajeros
Montaña del Mojón 188
Punta Fariones
Caletón de las Huertas
Caleta del Sebo
Caleta de Arriba
Zona de pesca submarina
Playa de la Cantería
Montaña Amarilla 172
Punta Corrales
Batería 479
Orzola
Charca de la Laja
Bahía del Salado
La Punta
Salinas del Río
Mirador del Río (Restaurante)
El Arco
Caletón Blanco
El Río
La Quemada
Caleta del Mojón Blanco
Playa de la Cocina
Punta Marrajos
Playa Francesa
Malpaís de la Corona
Punta Prieta
Catalina Cabrera
Abadonada
Ye
Casas La Breña
La Caleta
La Bahía
Tortecilla de Domingo
Las Hoyas
Guinate
Monte Corona 609
Los Molinos
Risco de Famara
Punta del Roque
Casas Las Escamas
Los Lomillos
Montaña
Los Llanos
Caleta del Guincho
Punta Escamas
581
Máguez
Cueva de los Verdes
Caleta de las Aulagas
Punta de Gayo
Jameos del Agua (Restaurante)
Punta Usaje
Los Caletones
Haría
Casas de El Canto
Playa La Seba
Bco. Tenesía
Palmar
Los Picachos
Punta de Mujeres
Las Bajas
Faja 451
Tope Tegazo
Caleta de Campo
Punta Guerra
Arrieta
La Puntilla
Chafarisa
Tabayesco
Playa de San Juan
Playa de Famara
Mirador de Haría 670
Playa de la Garita
Boca de Abajo
Punta Prieta
Caleta del Caballo
Costa Blanca
El Cortijo
Bajamar
La Santa Sport
La Isleta
La Costa
La Caleta de Famara
Casas de Famara
Galería de Chafarís
Famara
Cortijo del Rincón
Cortijo de Don Juan Feo
Ermita de las Nieves
Presa de Mala
30
Punta de la Pared
El Roque
La Santa
Santa Sport
Sóo 293
El Morro del Jable
Peña del Silvo 435
Caletón de las Ánimas
Urbanización Vista Graciosa
Casa del Molino
Canal
Mala
Playa del Seifío
Sóo
Casa de la Caldera
El Jable
Tenegüime
Piedra Mansa
El Cuchillo
Las Laderas
Morro Prieto 424
Ermita del Valle
Los Valles
Charco del Palo
Las Machinas
Ermita de San José
Guatiza
Las Calderas
Teneza 368
Tinajo
Muñique
Ermita de San Sebastián
Urbanización Los Cocoteros
Cueva de la Arena
Ermita de San Rafael
GC-730
La Caldera 324
Las Peñas
Teguise
El Mojón
GC-740
Guiguan
Tiagua
Parroquia San Miguel
Castillo de Guanapay
Teseguite
Bco. de la Espoleta
Playa del Tío Joaquín
Playa de la Tía Vicenta
Mancha Blanca
La Vegueta
Tubería
Urbanización Oasis de Nazaret
GC-710
Las Honduras
Ermita de los Dolores
Tinguatón
Caldera Quemada 331
Tao
Tao 550
Nazaret
Urbanización Las Cabreras
Ensenada del Banco
El Volcán
Ensenada de los Barranquillos
Montaña de los Rostros
Ubique 309
Corona 235
Ancones 52
Punta de Tierra Negra
Montaña Ortiz
Casas de la Florida
Mozaga
Monumento al Campesino
Llano de Zonzamas
Tahiche
Tahiche 321
Ensenada de la Gorrina
El Islote
Montaña de Maneje 282
Cortijo El Majo
Las Salinas
Salinas de El Charco
Casas de El Charco
Pico Partido 517
Juan Bello 439
Montaña Negra 510
Casa del Rincón
Masdache
San Bartolomé
Monte Mina 444
329
Costa Teguise
Playa de las Cucharadas
Punta de Tope
Playa Bastián
GC-700
Montaña Chupaderos 313
GC-730
Montaña Blanca
Monte Guatisea 542
Montaña Blanca 596
Argana Alta
Argana Baja
Ensenada de las Caletas
Fuente del Bco. del Obispo
Ermita de la Magdalena
Conil
Güime
Arrecife
Ensenada de los Mármoles
Museo de Arte Contemporáneo
Castillo de San José
Boca de Puerto Naos
Muelle de los Mármoles
La Geria
La Asomada
Vegas de Tegoyo
Tías
Casas de Guasimeta
Islote del Francés
Castillo de San Gabriel (Museo)
Tinasoria 503
Mácher
108
Urbanización Playa Honda
Aeropuerto de Lanzarote
Playa del Cable
Playa del Reducto
Punta de la Lagarta
Puerto del Rosario (Fuerteventura)
Las Palmas (Gran Canaria), Santa Cruz (Tenerife)

Wo gibt es was?

Fähnchennummer = Textnummer

Isla Graciosa ①

Die fünf Inseln Alegranza und Roque del Este (beide außerhalb der Karte), Roque del Oeste, Montaña Clara und Graciosa (27 qkm) gehören zur Inselgruppe Chinijo. Wegen ihrer seltenen Vogel- und Pflanzenwelt wurden sie 1986 zum Naturpark erklärt. Zelten und Unterwasserjagd sind seither verboten.
Graciosa ist durch den 1,5 km breiten Meeresarm El Río (der Fluß) von Lanzarote getrennt. Sie ist als einzige der Inseln ständig bewohnt. Die Fischersiedlung *Caleta del Sebo*, zugleich Inselhafen, bietet Ausflüglern Restaurants, Einkaufs- und Übernachtungsmöglichkeiten. Die Häuser von *Pedro Barba* (4,5 km nordöstl.) werden nur als Feriendomizile benutzt. Im Inselinneren erheben sich die Vulkane *Las Agujas* (266 m) und *Montaña del Mojón* (188 m). Die *Playa de las Conchas* im Schatten der *Montaña Bermeja* (157 m) gilt als schönster Badestrand der Insel.
Schiffsverbindung: Lineas Marítimas Romero (Tel. 842055) ab Orzola (Winter 10 und 17 Uhr), ab Graciosa (Winter 8 und 16 Uhr, Sommer je eine weitere Abfahrt).

Mirador del Río ②

Die Eisenskulptur ›Fisch und Vogel‹ ist das Emblem des ›Mirador del Río‹, einem Aussichtspunkt, den César Manrique Anfang der 70er Jahre in einem ehemaligen Militärposten einrichtete. Das im oberen Teil der Steilküste (475 m) in den Felsen eingelassene Bauwerk ist von außen kaum zu erkennen. Atemberaubend dagegen ist der Blick durch die großen Panoramaglasscheiben auf die vorgelagerten Inseln jenseits des El Río und zu den Salinen Salinas del Río, deren Wasserbecken tief unterhalb der senkrecht hinabstürzenden Felsen in allen Schattierungen leuchten (tgl. Sommer 10–19, Winter 10–18 Uhr).

Haría ③

Die Gemeinde im Norden vom *Peñas del Chache* (671 m), dem höchsten Punkt der Insel, lebt noch heute vor allem von der Landwirtschaft. Rundherum gedeihen Kartoffeln, Zwiebeln, Erbsen und Wein.
Sehenswürdigkeiten: Schöne Ausblicke auf die Küstenlandschaft bietet der *Mirador de Guinate* (0,5 km nördl.). Vom Aussichtspunkt *Mirador de Haría* (4 km südl.) hat man den besten Blick auf das fruchtbare ›Tal der tausend Palmen‹, dem größten Palmenhain der Insel. Auf dem Stadtwappen und allen Straßenschildern erscheint die Palme als Symbol.
Ortszentrum sind die blumengeschmückte Plaza de la Constitución vor dem Rathaus und die schattige Allee León y Castillo. Der Friedhof birgt das Grab von César Manrique (1919–1992) mit Kaktus und Palme.
Museen u. Kunsthandwerk: Das Miniaturmuseum Almogaren de Max, am südlichen Ortseingang, zeigt die kleinsten Dinge der Welt (tgl. 10–19 Uhr).
Der benachbarte Rincón de Reciclart stellt aus Müll gefertigte Spiegel, Mobiles, Lampen und Aschenbecher aus. Neben der Markthalle arbeiten in der Städtischen Werkstatt für Kunsthandwerk Korbflechter, Rosettenstickerinnen, Tischler und Keramiker (mo–fr 9.30–14 u. 15–18 Uhr).
Umgebung: Der Tropical Park in *Guinate* (4 km nördl.) ist mit 45 000 qm großem Gehege und ca. 1300 Tierarten aus aller Welt besonders für Liebhaber exotischer Vögel ein Erlebnis (tgl. 10–17 Uhr).

Arrieta ④

Weißgekalkte Häuser prägen die Fischersiedlung an der Ostküste, deren sehr zu empfehlende Restaurants fangfrische Meeresbeute servieren.
Veranstaltung: Frabenfrohe Bootsprozession zu Ehren der hl. Carmen (16. Juli).
Umgebung: Hübsch sind die Ferienhäuser von *Punta de Mujeres* (2 km nördl.) an der Playa La Seba. Die Höhle *Jameos del Agua* (4 km nördl.) ist Teil eines mehr als 6 km langen Lavatunnels, der vom Vulkan La Corona bis zum Meer verläuft und sich unter dem Meeresboden 1,5 km weit fortsetzt. In der mit dem Meer verbundenen Lagune im Inneren lebt eine auf der Welt einzigartige blinde Krebsart (Munidopsis polymorpha). Das Wasserbecken im offenen Teil der Höhle umgeben Grünpflanzen und Palmen. Das Auditorium faßt 500 Zuschauer; Bar, Diskothek, Folklore, Restaurant; tgl. Sommer 10–19, di, fr, sa auch 19–3, Winter 11–19 Uhr).
Zum selben Vulkantunnel gehört die *Cueva de los Verdes*, 2,5 km vom Meer entfernt. Die röhrenförmige Höhle ist auf einer oberen und einer unteren Galerie (ca. 1 km) begehbar (tgl. 10–17/18 Uhr). Im Auditorium an der tiefsten Stelle (50 m unter der Erde) finden jährlich ein- bis zweimal Konzerte statt, meist im Rahmen des Festivals Visueller Musik (Okt.).

Guatiza ⑤

Typische kleine Inseldörfer sind Guatiza und *Mala* (2,5 km nördl.).
Sehenswert ist César Manriques Kakteengarten Jardín de Cactus mit über 1400 Kakteenarten, Wolfsmilchgewächsen und anderen Pflanzen. Die Windmühle oberhalb der Kakteenterrassen erlaubt einen guten Ausblick auf die Opuntienfelder ringsum (tgl. Sommer 10–19, Winter 10–18 Uhr).

Teguise ⑥

Das historische Städtchen, einst Bischofssitz und bis 1852 Verwaltungshauptstadt der Insel, wird von den Insulanern noch heute ›La Villa‹ (die Stadt) genannt. Im gesamten Gemeindebezirk, zu dem auch das Feriengebiet *Costa Teguise* gehört, leben 9700 Personen.
Sehenswert ist die Pfarrkirche San Miguel mit der Jungfrau von Guadelupe, die Anfang des 20. Jh. vollkommen erneuert wurde. Am Kirchplatz stehen das restaurierte Zehnthaus ›La Cilla‹ (17. Jh.), ehemals kirchlicher Getreidespeicher, und der Palacio Spínola (18. Jh.) mit Möbeln und Gemälden (mo, di, do, fr 9–15, sa/so 9.30–14 Uhr). In den ehemaligen Klöstern von San Francisco und Santo Domingo finden sporadisch Kunstausstellungen statt.
Museum: Die ehemalige Festung Castillo de Santa Barbara (16. Jh.) auf dem Hausberg Guanapay (452 m) birgt das Auswanderermuseum Museo del Emigrante Canario. In 8 Sälen wird man umfassend über die Geschichte der Burg, die Beziehungen von Lanzarote zu Lateinamerika und das Schicksal der kanarischen Emigranten informiert (di–fr 10–16, sa/so 11–15 Uhr).
Aktivitäten: 18-Loch-Golfplatz; Wasservergnügungspark.
Markt u. Veranstaltungen: Kunsthandwerksmarkt, größter der Insel (so ab 9 Uhr); Karneval (Jan./Febr.); Fronleichnamsfest mit bunten Salzteppichen auf Straßen und Plätzen; Krippenspiel (24. Dez.).
Umgebung: In fruchtbarem Tal liegt der liebliche Ort *Los Valles* (4 km nordöstl.) mit gleichnamiger Einsiedelei und schönem Aussichtspunkt; an der 4 km langen Playa de Famara die beschauliche Fischersiedlung *La Caleta de Famara* (8 km nördl.).

Tahíche ⑦

Der Ort kann fast als Vorort der Hauptstadt Arrecife bezeichnet werden.
Museum: In Taro de Tahíche (1 km südl. Richtung San Bartolomé) ist in César Manriques eigenwilligem Wohnhaus (1968) seit 1992 die Stiftung Fundación César Manrique (30 000 qm) eingerichtet. Die Privatsammlung des Meisters zeigt Werke von Miró, Tàpies, Picasso und vieler kanarischer Künstler. Die Colección Manrique im ehemaligen Atelier umfaßt Ölgemälde des Künstlers, Pläne und Fotos seiner wichtigsten Bauten, Entwürfe für Hinweisschilder und Windspiele, Broschüren und Kataloge seiner Ausstellungen. Außerdem: Café, Buch- und Souvenirladen, Kakteengarten (Winter mo–sa 10–18, so 10–15, Sommer tgl. 10–19 Uhr).
Aktivitäten: Geschützte Badestrände; Windsurfen; Tennis; Golf; Yoga; Diskos.
Veranstaltungen: Tanz; Live-Auftritte.
Umgebung: Die Feriensiedlung *Costa Teguise* (8 km östl.) prägen gepflegte Gärten, geschmackvolle Bungalowkomplexe und Hotels der gehobenen Kategorie. In der Residenz ›La Mareta‹ der spanischen Königsfamilie übernachteten schon Spitzenpolitiker wie H. Kohl und M. Gorbatschow.

Maßstab 1:150.000 (0 2 4 6 8 km)

Im Gebiet von La Geria sprießen aus schwarzen Trichtern im Vulkanstaub grüne Weinreben.

Im Land der Feuerberge und des Lavameers

Zwischen Arrecife, dem bedeutendsten Fischereihafen der Kanarischen Inseln, und der jungen Feriensiedlung Playa Blanca Sur mit Lanzarotes schönsten Naturstränden ganz in der Nähe liegt der wohl interessanteste Teil der Insel: die Feuerberge, von denen zwischen 1730 und 1736 die größte Eruptionsphase in neuerer Zeit ausging. Ein Viertel des Lavameers gehört heute zum Nationalpark von Timanfaya. Und aus dem verschütteten Ackerland entstand dank außergewöhnlicher Anbaumethoden eine einzigartige Agrarlandschaft.

△ Arrecife: Die Puente de las Bolas, die Kugelbrücke, ist ein Wahrzeichen ... ... der lebhaften Hafenstadt ▽

△ Eine Hafeninsel birgt das Castillo de San Gabriel

△ In der Markthalle von Arrecife haben einige Landfrauen kleine Gemüsestände aufgebaut

Arrecifes zweite Festung, das Castillo San José am nördlichen Stadtrand, ist heute Museum Zeitgenössischer Kunst ▽

Mehr als vierzig Prozent des Fischfangs der Kanarischen Inseln werden in Arrecife an Land gebracht. Bei der Sardinenfangflotte liegt diese Zahl noch höher, und auch der Thunfischfang hat eine große Bedeutung. Seit die Fischgründe vor der Küste Westafrikas jedoch von Marokko und Mauritanien beansprucht werden, die Schutzzeiten für viele Arten von zwei auf vier Monate verlängert und die zugelassenen Fangquoten reduziert wurden, steckt die kanarische Fischwirtschaft in der Krise. 1992 gab es auf Lanzarote nur noch 192 Fischkutter. Eine Umstrukturierung ist daher dringend nötig – künstlich angelegte Muschelbänke und Fischfarmen bieten wohl die besten Zukunftsperspektiven.

Salz zur Fischkonservierung

Die zurückgegangenen Fangquoten und das Haltbarmachen der Fische per Tiefkühlung ließen das florierende Geschäft mit der Salzgewinnung zusammenbrechen. Lanzarote besitzt die ältesten Salinen des gesamten Archipels. Am Fuß vom Risco de Famara im Norden der Insel sollen bereits die Römer Salz aus dem Meer gewonnen haben. Damals sammelte man Meersalz in Felsmulden oder Naturbecken aus Tonerde.

Im 19. Jahrhundert, als der Hafen Puerto Naos von Arrecife an Bedeutung gewann und die dort beheimatete Fischfangflotte immer größere Salzmengen zur Konservierung von Sardinen und anderen Fischen benötigte, nahm die Salzgewinnung einen großen Aufschwung. An der Küste der Insel entstanden immer mehr künstlich angelegte Salinen, in deren sauberen Natursteinbecken ein sehr reines Salz erzeugt werden konnte.

Die Salinen von Janubio

Zu den modernen Anlagen gehören die Salinen von Janubio, bei denen es sich um die größten heute noch funktionierenden Salinen der Kanarischen Inseln handelt. Sie wurden Anfang des 20. Jahrhunderts auf einer Fläche von 440 000 Quadratmetern rund um eine salz- und jodreiche Lagune angelegt und

△ Die grüne Lagune ›Lago Verde‹ des Halbkraters von El Golfo

Fischer aus Puerto del Carmen ▽

△ Einladender Platz am Hafen von Puerto del Carmen: Terrassen-Restaurant ›Casa Roja‹

△ In hohen Wellen brandet der Atlantik an die Westküste von Lanzarote bei dem leuchtend weißen Dorf Casas de El Golfo

△ Strandleben an der Playa Blanca von Puerto del Carmen ... ... und in einer der schönen Badebuchten bei Playa Blanca Sur ▽

erreichten in den vierziger Jahren eine maximale Jahresproduktion von 13 000 Tonnen Salz. Noch in den fünfziger Jahren arbeiteten hier bis zu 150 Salzarbeiter – die meisten kamen aus dem Dorf Femés. Heute helfen nur noch fünf Personen bei der sommerlichen ›Salzernte‹. Obwohl die Salinen keine wirtschaftliche Bedeutung mehr haben, macht ihr ökologischer Wert und landschaftlicher Reiz sie zu einem schützenswerten Teil der Insellandschaft.

Inselbewohner Dromedar

Morgens früh um sieben Uhr treten rund 260 Dromedare ihren Weg zur Arbeit an. Ihr Arbeitsplatz: die Dromedarstation ›Echadero de Camellos‹ am Rand der Feuerberge. Ihre Kunden: Touristen aus den Feriengebieten Costa Teguise, Puerto del Carmen und Playa Blanca, die auf dem harten ›englischen Stuhl‹, einem Holzgestell, das am Bauch der geduldigen Wüstentiere festgezurrt wird, einen schaukeligen Ritt von zwanzig Minuten am Hang des Timanfaya unternehmen.

52 ›Camelleros‹, Kameltreiber, arbeiten in der Dromedarstation, jeder betreut eine Gruppe von etwa fünf Kamelen. Bei den meisten Tieren handelt es sich um Kamelstuten, die weitaus umgänglicher sind als die männlichen Wiederkäuer. Nach getaner Arbeit kehren die Dromedare am Nachmittag in ihre Gehege in Uga, Yaiza oder Playa Blanca zurück, wo sie mit Getreide, Mais und Zwiebeln gefüttert werden und im Sommer jeden Abend bis zu vierzig Liter Wasser trinken.

Fesselnde Lanzarote-Lektüre

In seinem Haus bei Tías schreibt der kanarische Bestseller-Autor Alberto Vázquez Figueroa an seinen Abenteuerromanen, die so fesselnd sind, daß man sie kaum aus der Hand legen kann. So auch die als deutsches Taschenbuch unter gleichem Titel erschienene Trilogie ›Océano–Yaíza–Maradentro‹, deren erster Teil die dramatische Lebensgeschichte der Fischerfamilie Perdamo aus Playa Blanca beschreibt. Zu einer Zeit, als es in dem winzigen Küstenort noch keine Hotels, sondern nur wenige Hütten gab, als die Feuerberge noch nicht von Ausflugs-

△ Mitten im schwarzen Lavafluß liegt das Informationszentrum vom Nationalpark Timanfaya ▽

Rund 40 Minuten dauert die Busrundfahrt durch den Nationalpark auf der Route der Vulkane ▽

Am Islote de Hilario wird demonstriert, wie die Erdwärme blitzartig das Gestrüpp entzündet ▽

△ Ein wenig wie Maulwurfshügel sehen die typischen ›Hornitos‹, Öfchen, aus, die man auf der Route der Vulkane sehen kann

bussen angesteuert und die Dromedare noch zum Wassertragen benutzt wurden – kurz, als Tourismus auf der Vulkaninsel noch ein Fremdwort war. Kaum eine andere Beschreibung zeichnet wohl ein so eindrucksvolles Bild von Land und Leuten, alten Traditionen und sozialen Verhältnissen der Insel – ideal zur Vorbereitung des Lanzarote-Urlaubs.

Der Vulkanausbruch von 1730

Don Andrés Lorenzo Curbelo, Pfarrer von Yaiza, schildert die Nacht vom 1. September 1730 folgendermaßen: ›Zwischen 9 und 10 Uhr abends öffnete sich plötzlich bei Timanfaya, zwei Meilen von Yaiza entfernt, die Erde. In der ersten Nacht erhob sich ein riesiger Berg aus dem Schoß der Erde und aus dem Gipfel entwichen Flammen, die 19 Tage lang brannten.‹ So beginnt der einzige schriftliche Bericht über eine Eruptionsphase, die während sechs langer Jahre die Einwohner Lanzarotes in Angst und Schrecken versetzte und die Gestalt der Insel vollkommen verändern sollte. Die Vulkanausbrüche von 1730 bis 1736 begruben eine Fläche von 174 Quadratkilometern, fast ein Viertel der Inseloberfläche, unter Lava und Lapilli und ließen 32 neue Vulkankrater entstehen.

Ergiebiger Timanfaya

Die Lavamassen ergossen sich rund um den Kern der Montaña de Timanfaya, begruben Dörfer, Äcker, Weiden und Felder. ›Die Lava verbreitete sich in diesem Gebiet nach Norden, anfangs so schnell wie Wasser, danach verminderte sich ihre Geschwindigkeit, und sie floß zäh wie Honig. Aufgrund des stinkenden Qualmes lag nach einigen Tagen alles Vieh tot auf der Erde, die Vögel fielen vom Himmel, eine große Zahl von toten Fischen schwamm auf der Oberfläche des Meeres‹, schrieb Pfarrer Curbelo in seinem Tagebuch.

Nach einem Jahr war noch immer kein Ende der Vulkanausbrüche abzusehen. Die Bewohner des Inselsüdens, der Verzweiflung nah, wanderten auf die Nachbarinseln aus. Viele fanden auch im Norden der Insel, zum Beispiel in Los Valles bei Teguise, eine neue Heimat.

△ Weinreben mit dicken Trauben sprießen aus schwarzen Vulkantrichtern ...

... im Landwirtschaftsgebiet La Geria, wo auch Mais gedeiht, der noch heute per Hand zerteilt wird ▽

△ In der Bodega ›El Grifo‹ von El Islote kann man Weine probieren und kaufen

Kulturlandschaft von einzigartigem Reiz: La Gerias Rebenmulden mit ihren halbkreisförmigen Schutzmauern ▽

△ Faszinierender Kontrast: weiße Finca im Lavagebiet La Geria, ... wo der Esel heute noch als Transportmittel dient ▽

Weit über ein Drittel des Lavameers der Vulkanausbrüche von 1730 bis 1736 bildet heute den 50 Quadratkilometer großen Parque Nacional de Timanfaya. Eine Holztafel mit Teufelsfigur markiert den Nationalparkeingang.

Weinbau der besonderen Art

Dichter und Schriftsteller wie Scott und Góngora haben die kanarischen Weine in ihren literarischen Werken verewigt. Shakespeare sagte, ›daß der Malvasia-Wein die Sinne erfreut und das Blut parfümiert‹. Zwischen dem 16. und dem 18. Jahrhundert entwickelte sich der Weinexport zu einem blühenden Geschäft. Manche Jahre wurden über 15 Millionen Liter verschifft, und die Weinausfuhr entwickelte sich zu einer der wichtigsten Einnahmequellen des Archipels.

Auf Lanzarote fiel die Blütezeit des Weinbaus in einen späteren Zeitraum. Erst nach den schrecklichen Vulkanausbrüchen im 18. Jahrhundert entwickelten die Bauern im Gebiet von La Geria ein besonderes System, um Weinreben auf dem Lavaboden pflanzen zu können. In mühevoller Arbeit graben sie bis zu zwei Meter tiefe Trichter ins Lavagestein, um so bis zum fruchtbaren Erdreich vorzustoßen. In jeden Trichter pflanzen sie einen bis drei Weinstöcke, die von locker aufgeschichteten, halbkreisförmigen Steinmauern geschützt werden.

Kulturlandschaft im Lavameer

Die so angelegten Vulkanmulden speichern nicht nur die Feuchtigkeit, sondern schützen die Weinreben vor Wind und haben darüber hinaus Lanzarotes Lavameer in eine interessante Kulturlandschaft verwandelt. Die über 1000 Weinbauern und zehn Weinkellereien, darunter die Bodegas ›Barreto‹, ›El Grifo‹ und ›Mozaga‹, die sich im ›Consejo regulador‹ von Lanzarote zusammengeschlossen haben, steigern ihre Produktion jährlich: 1996 wurden über 1 600 000 Flaschen abgefüllt, und Lanzarotes herkunftsgeschützten Weine werden auch auf den Nachbarinseln immer beliebter. Denn mit einem Gläschen Malvasia-Wein kann man am schönsten den Tag ausklingen lassen.

Lanzarote

96
La Isleta
La Santa Sport
La Costa
La Santa
Santa Sport
El Roque
Costa Blanca
El Cortijo
Bajamar
La Caleta de Famara
Playa de Famara
Famara
Casas de Famara
Sóo
Urbanización Vista Graciosa
El Morro del Jable
Casa del Molino
El Jable
Casa de la Caldera
El Cuchillo
Tinajo
Muñique
Las Machinas
Caletón de las Ánimas
Piedra Mansa
Punta Gaviota
Islotes de Punta Gaviota
Teneza
Playa de Chó Gregorio
Volcán Nuevo
Playa de la Madera
Caletón Estrecho
Punta del Paletón
Caleta del Roncador
Caleta de la Ensenada
El Volcán
PARQUE
NACIONAL DE
TIMANFAYA
Caldera Bermeja
Caldera Blanca
Las Cañas
Mancha Blanca
Guiguan
Tiagua
La Vegueta
GC-740
Ermita de los Dolores
Tinguatón
Caldera Quemada
Tao
Mozaga
Monumento al Campesino
Casas de la Florida
El Islote
Juan Bello
Montaña de los Rostros
Montaña Ortiz
Caldera Roja
Fuente de los Miraderos
Islote de Hilario
Restaurante
Ruta de los volcanes
Montañas del Fuego
Pico Partido
Montaña Negra
Casa del Rincón
Masdache
San Bartolomé
Monte Mina
Montaña Blanca
Monte Guatisea
Bonanza Cumplida
Halcones
Playa del Paso
Punta del Jurado
Casas de Juan Perdomo
Casas de El Golfo
El Golfo
Pico Redondo
El Cortijo de los Morriles
Montaña Chupaderos
Fuente del Bco. del Obispo
La Geria
El Tablero
Uga
Yaiza
Nª Sª de los Remedios
Montaña Bermeja
Playa de Montana Bermeja
Los Hervideros
Punta del Volcán
Laguna de Janubio
Playa de Janubio
Salinas
Casas de Las Hoyas
Montaña del Medio
Casas de la Degollada
Las Casitas de Femés
Pico Naos
Atalaya de Femés
Femés
Valle del Pozo
Playa Quemada
Los Ajaches
Bco. de la Higuera
La Puntilla
Playa de la Arena
Bahía de Avila
Canada de la Mareta
Caletón del Río
Cortijo de la Mareta
Caleta Piedra Alta
Piedra Alta
Punta Gorda
Punta Ginés
Urbanización Atlante del Sol
Los Rostros
Hacha Grande
Bco. Parrado
Caletas del Fuego
Punta Gorda
Cortijo de la Punta
Montaña de la Breña Estesa
El Pimentero
Caleta Negra
Costa de Rubicón
Montaña Roja
La Capagna
Ruinas
Urbanización Montaña Baja
Playa Blanca
Castillo de las Coloradas
Salinas del Berrugo
Punta del Aguila
Playa de las Coloradas
Papagaya
Caleta Larga
Playa Mujeres
Caleta del Congrio
Punta Pechiguera
Playa de Montana Roja
Punta Limones
Ferry Corralejo (Fuerteventura)
Tinasoria
La Asomada
Vegas de Tegoyo
Conil
Ermita de la Magdalena
Tías
GC-730
GC-720
Mácher
Cortijos Viejos
Casa de los Mojones
Puerto del Carmen
Cortijo de los Caserones
Playa Blanca
Urbanización Los Pocillos
Urbanización San Antonio
Playa de los Pocillos
Salinas de Matagorda
Hoyas Hondas
Playa de Guasimeta
Playa de Matagorda
Aeropuerto de Lanzarote
Urbanización Playa Honda
Casas de Guasimeta
Güime
Argana Alta
Argana Baja
Arrecife
Playa del Cable
Playa del Reducto
Punta de la Lagarta
Castillo de San Gabriel (Museo)
Isote del Francés
Muelle de los Mármoles
La Boca de Puerto Naos
Castillo de San José
Museo de Arte Contemporáneo
Ensenada de los Mármoles
Ensenada de las Caletas
Puerto del Rosario (Fuerteventura)
Las Palmas (Gran Canaria), Santa Cruz (Tenerife)
Llano de Zonzamas
Montaña de Maneje
Tahiche
Urbanización Las Cabreras
Ubique
Corona
Cortijo El Majo
Costa Teguise
Playa de las Cucharadas
Punta de Tope
Playa Bastián
Las Salinas
Salinas de El Charco
Casas de El Charco
Ensenada de la Gorrina
Ancones
Punta de Tierra Negra
Ensenada de los Barranquillos
Ensenada del Banco
Las Honduras
GC-700
GC-710
El Volcán
Nazaret
Urbanización Oasis de Nazaret
Castillo de Guanapay
Teguise
Parroquia San Miguel
Ermita de San Rafael
Las Peñas
Tubería
Teseguite
El Mojón
Ermita de San Sebastián
Las Laderas
Morro Prieto
Ermita de San José
Ermita del Valle
Los Valles
Cortijo del Rincón
Ermita de las Nieves
Cortijo de Don Juan Feo
Canal
Galería de Chafaris
Peña del Silvo
Presa de Mala
Teneguime
Guatiza
Las Calderas
La Caldera
Espoleta
Urbanización Los Cocoteros
Cueva de la Arena
Playa del Tío Joaquín
Playa de la Tía Vicenta
Charco del Palo
Mala
Playa del Seifio
Punta de la Pared
Playa de la Garita

Wo gibt es was?

Fähnchennummer = Textnummer ❶ = Auskunft

Islote de Hilario ①

Am Islote de Hilario, vor dem Restaurant ›El Diablo‹, endet die Zufahrtsstraße zum Nationalpark von Timanfaya, einer 50 qkm großen Vulkanlandschaft. Der Ort befindet sich oberhalb einer Magmakammer, deren Temperaturen 10 m unter der Erde über 600° C erreichen, was Vorführungen zeigen: in Eruptivlöcher geworfenes Geäst verwandelt sich sekundenschnell in lodernde Flammen, Wasser schießt als kochendheiße Fontäne in die Höhe (tgl. 9–17 Uhr).
Aktivitäten: Vom Restaurant Busrundfahrt (14 km, 35–40 min.) auf der Route der Vulkane (tgl. 10–16.15 Uhr, im Eintrittspreis eingeschl.); vom Echadero de Camellos Dromedarritt (20 min.) am Hang des Vulkans *Timanfaya* (510 m).
Informationszentrum: Centro de Visitantes e Interpretación (4 km nördl.) mit Fotos, Texten, Video (30 min.) über die Welt der Vulkane (tgl. 9–17 Uhr).
Veranstaltung: Schönste Inselwallfahrt zur Kapelle Nuestra Señora de los Dolores mit lohnender Kunsthandwerksmesse in *Mancha Blanca* (7 km nördl., Mitte Sept.).

San Bartolomé ②

Die Kleinstadt (10 000 Ew.) liegt am Rand des wichtigen Landwirtschaftsgebiets La Geria, in dem zwischen Tías, Uga und den Feuerbergen gepflegte Bauernhäuser und Weingüter mit Vulkantrichtern, in denen Weinranken sprießen, das Bild prägen.
Sehenswürdigkeiten: Bescheiden wirkt die dem hl. Bartolomäus geweihte Pfarrkirche neben dem hohen minarettartigen Uhrenturm des Rathauses. Daneben steht das 1996 restaurierte Stadttheater.
Museen der Umgebung: Bei *Mozaga* (2 km nördl.) liegt die Casa-Museo del Campesino, die Reproduktion eines Bauernhofs, mit Ausstellungssälen, Atelier (Keramik) und Restaurant (tgl. 10–18 Uhr). Das Landwirtschaftsmuseum El Patio in *Tiagua* (8 km nördl.) zeigt und erklärt (auch auf Deutsch) verschiedene Mühlentypen, Feld- und Handwerksgeräte (mo–fr 10 bis 17.30, sa 10–14.30 Uhr).

Arrecife ③

Die Haupt- und Hafenstadt (über 38 000 Ew.), die 1998 ihren 200jährigen Geburtstag feiert, ist Sitz der Inselregierung und Heimathafen der größten Fischfangflotte der Kanarischen Inseln.
Sehenswert ist die Pfarrkirche San Ginés (17. Jh.), die von einem viereckigen Glokkenturm flankiert wird. Im Inneren findet man die Figuren des Stadtpatrons und eine Rosenkranzmadonna (tgl. 9–13 u. 17–20 Uhr). Ein Wahrzeichen der Stadt ist die Kugelbrücke, die das Stadtzentrum rund um den Charco de San Ginés mit der Festung San Gabriel (1573) verbindet. Die Kanonen am Eingang stammen aus dem Militärposten des Mirador del Río.
Museen: Die Festung San Gabriel ist heute Archäologisches und Ethnographisches Museum (mo–fr 9–14.30 Uhr). Das Castillo de San José (1771/79) mit Zugbrücke, Burggraben und großer Terrasse am nördlichen Stadtrand ließ König Carlos III. als Arbeitsbeschaffungsmaßnahme bauen, weshalb es auch ›Hungerburg‹ genannt wird. In den 70er Jahren wurde es unter Leitung von César Manrique zum Museum Zeitgenössicher Kunst MIAC umgestaltet (tgl. 11–21 Uhr). Kunstausstellungen bieten auch die Sala Aljibe im Kulturzentrum El Almacen, Calle José Betancort, 33 (mo–fr 10–14 Uhr), und die Galería Punto de Encuentro con el Arte, Charco San Ginés.
Fähren nach *Las Palmas de Gran Canaria* und *Puerto del Rosario/Fuerteventura.*
Veranstaltungen: Fronleichnamsfest mit vielfarbigen Salzteppichen; San-Ginés-Prozession mit Kutschen u. Folklore (Aug.).
❶ Oficina de Turismo de Arrecife, Parque Municipal s/n, E-35500 Arrecife.

Puerto del Carmen ④

Der einstige Hafenort der Gemeinde Tías ist Lanzarotes wichtigstes Feriengebiet (28 000 Betten) mit den Stränden Playa de Matagorda, Playa de los Pocillos, Playa Blanca. Auf der Promenade (3,5 km) von Playa de los Pocillos bis Matagorda soll im Rahmen des Mensch-und-Biosphären-Programms der Unesco der Erholungspark ›Platz der Nationen‹ entstehen. Um den Werftplatz, Plaza del Varadero, findet man noch Fischerboote und alte Häuser.
Aktivitäten: Windsurfen; Tauchen; Segeln; Hochseeangeln; Tauchgang (stdl.) mit dem kleinen U-Boot ›Aquascope‹; in *Puerto Calero* (3 km westl.) exklusiver Yachtclub (Restaurants, Ladenpassage, Segeltörns).
Nachtleben: Nachtclubs, Diskos, Spielkasino.
Schiffahrten: Küstenfahrt (1 Std.); Tagesausflug zur *Isla de los Lobos/Fuerteventura* (di, mi, sa, so).
Veranstaltungen: Bootsprozession der hl. Carmen und Kunsthandwerksmesse, Plaza del Varadero (Aug.).
❶ Oficina de Turismo, Avenida de las Playas s/n, E-35510 Puerto del Carmen.

Uga ⑤

Das beschauliche, fast afrikanisch anmutende Dorf bietet schöne Beispiele traditioneller Architektur.
Sehenswert ist die moderne kastenförmige Kirche mit schlichtem einschiffigen Innenraum im Mittelpunkt des Dorfes.
Veranstaltungen: Erntefest zu Ehren des Schutzpatrons San Isidro mit Wallfahrt, Tanzveranstaltungen und Kanarischem Ringkampf (1. Maihälfte).
Umgebung: An der Straße nach *Mozaga* liegen zahlreiche Bodegas zum Weinprobieren und -kaufen. Lohnend ist das Weinmuseum der Bodega ›El Grifo‹ in *El Islote* 121 (mo–fr 10.30–18 Uhr).

Yaiza ⑥

Der Ort, der bei ›Schönheitswettbewerben‹ schon öfter den ersten Preis gewonnen hat, ist Zentrum des gleichnamigen Gemeindebezirks.
Sehenswert ist die Kirche Nuestra Señora de los Remedios (17./18. Jh.) im Ortsmittelpunkt. Das Geburtshaus des Literaten und Politikers Benito Pérez Armas (1871–1937) beherbergt das Kulturzentrum (mo–fr 9–13 u. 16–19, sa 9–13 Uhr). Das bekannte Restaurant ›La Era‹ wurde maßgeblich von C. Manrique gestaltet.
Galerie: Schöne Kunstausstellung in der Galerie Yaiza am Ortsausgang Richtung Playa Blanca Sur (mo–sa 17–19 Uhr).
Veranstaltung: Patronatsfest mit Wallfahrt (1. Sept.-Woche)
Umgebung: Die Fischersiedlung *El Golfo* (7 km nördwestl.) liegt an einer grünen Lagune in einem halb im Meer versunkenen Krater. An die südliche Lavafelsenküste *Los Hervideros* brandet der Atlantik.

Femés ⑦

Das zauberhafte Dorf (350 m) liegt am Rand des naturgeschützten Bergmassivs Los Ajaches. Am Kirchplatz laden drei Lokale zur Einkehr. Die Terrasse der Bar ›Atalaya‹ bietet herrliche Blicke über die Rubicón-Ebene bis Playa Blanca Sur.
Veranstaltung: Prozession u. Folklore zu Ehren des Inselpatrons S. Marcial (7. Juli).
Umgebung: *Salinas del Janubio* (5 km nordwestl.), größte Salinen der Insel, in der noch heute Salz gewonnen wird.

Playa Blanca Sur ⑧

Erst Mitte der 80er Jahren hat sich die winzige Fischersiedlung zum heute drittgrößten Feriengebiet der Insel entwickelt.
Sehenswert sind die Pfarrkirche Nuestra Señora del Carmen und einige einstöckige Fischerhäuser im alten Ortskern. Auf der *Punta del Aguila* (1 km östl.) steht das Castillo de las Coloradas (1769), ein Wachturm mit Glockenturm und Zugbrücke.
Aktivitäten: Windsurfen; Tauchen; Radverleih; Segeltörns. Zwischen *Punta del Aguila* und *Punta del Papagayo* liegen die schönsten Strände der Insel.
Schiffahrten: Küstenfahrt mit Strandaufenthalt in *Papagayo* (tgl. mehrmals); Tagesausflüge zur *Isla de los Lobos/Fuerteventura* (di u. sa); Autofähre nach *Corralejo/Fuerteventura* (tgl. 8 Fahrten).
Wochenmarkt am Hafen (mi).
❶ Oficina de Turismo, Instalaciones del Muelle, E-35570 Playa Blanca (Yaiza).

Maßstab 1:150.000 — 0 2 4 6 8 km

Touristik-Informationen

Adressen

Deutschland: Spanische Fremdenverkehrsbüros: Myliusstr. 14, 60323 Frankfurt, Tel. 069/725033, Fax 725313; Grafenberger Allee 100, 40237 Düsseldorf, Tel. 0211/6803980/1, Fax 6803985; Kurfürstendamm 180, 10707 Berlin, Tel. 030/8826543, Fax 8826661; Schubertstr. 10, 80336 München, Tel. 089/5389075, Fax 5328680.
Gran Canaria/Spanien: Deutsches Konsulat: Consulado Alemán, Calle José Franchy Roca 5, 2a, E-35007 Las Palmas de Gran Canaria, Tel. 275700, Fax 262731 (mo–fr 9–12 Uhr).

Anreise

Linienflüge mit Umsteigen in Barcelona oder Madrid; direkte Charterflüge ganzjährig von fast allen deutschen Flughäfen. Tel. Flughäfen: Las Palmas/Gran Canaria 579095; Puerto del Rosario/Fuerteventura 860500; Arrecife/Lanzarote 811450.

Autofahren

Das Mietwagenangebot ist groß. Auf Gran Canaria sind die Preise am niedrigsten (Pkw ab 200 DM pro Woche). Auf Fuerteventura sind die Preise höher. Ein Wagen mit Allradantrieb leistet dort gute Dienste. Anschnallpflicht auf allen Sitzen; Promillegrenze: 0,8 Promille; Höchstgeschwindigkeit: geschlossene Ortschaften 50, Ferienorte 30, Landstraßen 90, Autobahnen 120 Stundenkilometer.

Camping

Campingurlaub ist auf den Kanarischen Inseln nur in beschränktem Maße üblich. Wildes Zelten ist nur selten erlaubt und bedarf immer der Genehmigung der jeweiligen Gemeindeverwaltung oder des Landbesitzers. Einen öffentlichen Campingplatz gibt es nur auf Gran Canaria: Camping Guantanamo, E-35138 Playa de Tauro (Mogán), Tel. 560207, 562098, 560766.

Essen und Trinken

In allen Restaurants als Vorspeise oder Beilage zu Fisch- und Fleischgerichten serviert werden die kleinen runzligen Pellkartoffeln ›Papas arrugadas‹ mit der scharfen roten Sauce ›Mojo picón‹ oder der milderen grünen Tunke ›Mojo verde‹.
Typische Fische aus den Gewässern der ostkanarischen Inseln sind der Papageienfisch ›Vieja‹, der Wrackbarsch ›Cherne‹ und die kleinen Sardinen ›Pejines‹. Ein typischer Fischtopf mit Kartoffeln und Süßkartoffeln ist der ›Sancocho de Pescado‹. Zu den Fleischgerichten gehören Kaninchen- und Schweinefleisch ›Conejo‹ und ›Cerdo‹ oder ›Cochino‹ und als Spezialität Ziegen- oder Zickleinbraten ›Baifo‹.
Nachspeisen sind exotische Früchte wie Papayas, die auf Gran Canaria angebaut werden, kanarische Bananen oder die süße Mandelcreme ›Bienmesabe‹.
Teror auf Gran Canaria ist für seine Chorizo-Wurst und die Süßigkeiten aus seinem Nonnenkloster berühmt. In Santa María de Guía auf Gran Canaria wird der berühmte Schafskäse ›Queso de Flor‹ hergestellt. Ausgezeichneten Ziegenkäse findet man auf Lanzarote und Fuerteventura. Die besten Weine der Ostkanaren gedeihen im Gebiet La Geria von Lanzarote.

Typisches kanarisches Gericht sind ›Papas arrugadas con mojo‹, Pellkartoffeln mit Tunke, ergänzt durch Käse, Brot und Wein.

Familienurlaub

Die meisten Hotels und Ferienanlagen haben sich auf die Bedürfnisse ihrer kleinen Gäste eingestellt und beschäftigen ein großes Team von Animateuren und Kindermädchen. In vielen Hotel- und Bungalowanlagen gibt es spezielle Kinderanimation, Spielgeräte und Kinderschwimmbecken. Auch außerhalb der Hotels wird Kindern einiges geboten: Bummelzugfahrten, Wildwest- und Wasserparks, Tiergehege mit exotischen Vögeln, Eseln, Dromedaren.

Feiertage

Der 1. Januar (Neujahr), Karfreitag, 1. Mai (Tag der Arbeit), 15. August (Mariä Himmelfahrt), 1. November (Allerheiligen), 6. Dezember (Tag der Verfassung), 8. Dezember (Unbefleckte Empfängnis), 25. Dezember (Weihnachten). Auf den Ostkanaren gelten zudem meist folgende Tage als arbeitsfrei: 6. Januar (Dreikönigstag), Gründonnerstag, 30. Mai (Nationalfeiertag der Kanarischen Inseln) und 25. Juli (hl. Jakob).

Geld

Kreditkarten werden in fast allen Restaurants und Geschäften akzeptiert. Zum Geldabheben stehen zahlreiche Automaten in Banken und Sparkassen zur Verfügung. Euroschecks sind als Zahlungsmittel nicht üblich, können jedoch zum Geldwechseln an der Hotelrezeption oder in Geldinstituten verwendet werden. Sie müssen in Peseten (max. 25 000 Ptas.) ausgestellt werden. Abhebungen vom Postsparbuch sind in allen Postämtern mit Postsparkasse möglich, max. 1000 DM, pro Monat höchstens 2000 DM.

Gesundheit

Der Berechtigungsschein E111 für die staatliche spanische Krankenversicherung (Seguridad Social) ist in Deutschland bei allen Krankenkassen erhältlich. Gegen Vorlage dieses Formulars wird man in den staatlichen Gesundheitszentren kostenlos behandelt, muß jedoch Wartezeiten und Sprachschwierigkeiten in Kauf nehmen. Zahnarztbehandlung ist von dieser Regelung ausgeschlossen. Deutschsprachige Privat- und Zahnärzte, die Barzahlung erwarten, gibt es in allen größeren Feriengebieten. 24-Stunden-Notdienst der Krankenkasse auf allen Inseln: Tel. 061.

Konzerte

Jan./Febr.: Festival de Música de Canarias, klassische Musik, im Teatro Pérez Galdós in Las Palmas auf Gran Canaria;

weiter auf Seite 112

Reisedaten Ostkanarische Inseln

Flug von Deutschland	Inlandsverkehr	Reisepapiere	Devisen	Mietwagen	Benzin	Hotel	Pension	Menü	Einfaches Essen	Ortszeit	Radio
Charter ab ca. 600 DM (Hamburg–Gran Canaria)	Taxi vom Flughafen Las Palmas ins Zentrum ca. 37 DM	Personalausweis oder Reisepaß	1 DM = ca. 82 Ptas. (Pesetas)	ab 30 DM pro Tag (unbegrenzte Kilometer, Versicherung)	1 Liter: Super ca. 1 DM, Bleifrei ca. 0,95 DM	Luxuskat. ab 200 DM, Mittelklasse ab 65 DM (Do-Zimmer),	ab 50 DM (Do-Zimmer)	ab 25 DM (mit Wein)	Mittagsmenü ab 13 DM (ohne Wein)	MEZ minus 1 Std.	In Deutsch auf Gran Canaria: UKW 93,0 8–10 und 17–21 Uhr

Ausgewählte Hotels und Restaurants

HOTELS

Gran Canaria

Hotel Rural Villa de Agüimes
Calle Sol, 3, E-35260 Agüimes, Tel. 124584. 6 Zimmer und 3 Ferienhäuser, EZ 65, DZ 80–100 DM. Restauriertes rustikales Wohnhaus im Zentrum. Gemütliches Restaurant.
Steigenberger Gran Canaria
Barranco de la Verga s/n, E-35120 Arguineguin, Tel. 150400, Fax 151003. 248 Zimmer, EZ 122, DZ 216 DM, diverse Pauschalarrangements. Zahlreiche Restaurants, Wiedemann Gesundheitszentrum, Kinderbetreuung, Süß- und Meerwasserbecken (2000 qm), Badebucht mit Wassersportstation, eigenen Tennisplätzen, Squash.
Hotel Rural El Refugio
Cruz de Tejeda s/n, E-35328 Cruz de Tejeda, Tel. 666513. 10 Zimmer, DZ 120–140 DM. Urgemütlicher Landgasthof im gebirgigem Inselzentrum. Idealer Ausgangspunkt für Wanderungen und Ausflüge. Liebevoll ausgestattete Zimmer und Aufenthaltsräume. Restaurant, Sauna, Pool.
Molino del Agua de Fataga
Crta. Fataga a San Bartolomé, km 1, E-35108 Fataga, Tel. 172089. 14 Zimmer, DZ 70 DM. Finca-Hotel mit alter Maismühle, 1600 Obstbäumen, eigenem Quellwasser, Kamelsafari direkt vom Hotel. Zimmer einfach, aber zweckmäßig. Restaurant mit kanarischer Kost.
Santa Catalina
Calle León y Castillo 227, E-35005 Las Palmas, Tel. 243040. 222 Zimmer, EZ 150, DZ 215 DM. Zur Jahrhundertwende eingeweihtes, 1997 vollkommen renoviertes Traditionshotel in ruhiger Lage. Spezialitätenrestaurant und Spielkasino.
Bandama Golf & Country Hotel
Tafira Alta, E-35017 Las Palmas, Tel. 353354. 33 Zimmer, EZ 115–185, DZ 170–230 DM. Von Golfspielern bevorzugtes 3-Sterne-Haus direkt am Rand des Kraters von Bandama. 18-Loch-Golf, Restaurant, Pool, Tennis und Reiten.
Palm Beach
Avda. de Oasis s/n, E-35106 Maspalomas, Tel. 140806. 347 Zimmer, EZ 300–385, DZ 370–510 incl. Halbpension. Gepflegtes Strandhotel in herrlichem Palmengarten.
Club del Mar
Urb. Puerto Mogán, E-35138 Mogán, Tel. 565066. 56 Zimmer und 89 Appartements, EZ 100–120, DZ 155–180 DM. Anlage zwischen Hafenbecken und Strand am Rand der architektonisch reizvollen Feriensiedlung. Garten und Pool.

Fuerteventura

Bungalows El Castillo
E-35630 Caleta de Fustes (Antigua), Tel. 163046, 163100. 380 Bungalows und Appartements, Wohneinheit 100 DM (1–3 Pers.). Weitläufige Anlage direkt am Strand. Alle Freizeitmöglichkeiten.
La Posada
Calle Maria Santana Figueroa 10, E-35660 Corralejo, Tel. 867344. 34 Zimmer, EZ 60–70, DZ 85–95 DM. Brandneues, ruhiges Hotel im Zentrum des Altstadtkerns an kleiner Plaza. Keine Balkons, aber Schwimmbad und Sonnenterrasse auf dem Dach. Alle Zimmer mit TV, Telefon, Kühlschrank und Safe.
Bungalow-Hotel Risco del Gato
Polígono D2, E-35627 Costa Calma, Tel. 547175. 51 Bungalows, 350–370 DM pro Wohneinheit (1–2 Pers.) incl. Halbpension. 3-Sterne-Bungalow-Hotel in ruhiger Lage 200 m vom Strand. Alle Bungalows mit eigenem Innenhof und großer Außenterrasse mit Meerblick. 3 Pools, Tennisplatz, Golfübungsplatz, Sauna, Gymnastikstudio.
Villa Esmeralda
35628 Playa Sotavento, E-35626 Jandía, Tel. 547150. 9 Zimmer/Studios sowie ein Penthouse für 6 Personen, Do/Studios nur mit Halbpension 200–230 DM, Do als EZ 155–170 DM. Kleines Strandhotel in ruhiger Lage mit familiärer Atmosphäre und Gästen aus aller Welt gleich neben dem größten Surfcenter der Insel.
Bungalows Rey Guize, Club Costa Real
E-35627 La Pared (Pájara), Tel. 549004/35. 97 Wohneinheiten, EZ 92–112, DZ 140–180 DM incl. Halbpension. Neue gepflegte Ferienanlage an der Westküste, mit normalen Doppelzimmern, Duplex-Wohnungen, Appartements und Bungalows.
Parador de Fuerteventura
Playa Blanca, E-35600 Puerto del Rosario, Tel. 851150. 50 Zimmer, EZ 100, DZ 135 DM. 3-Sterne-Hotel der staatlichen Parador-Kette direkt am Strand zwischen Hauptstadt und Flughafen. Eigenwillige Architektur mit Aussichtstürmchen. Gepflegte Aufenthaltsräume und Restaurant.
Tofio
Playa de las Palmeras, E-35627 Tarajalejo, Tel. 161001. 412 Wohneinheiten (Doppelzimmer, Studios, Appartements, Bungalows), EZ 80, DZ 110, Appartements 1–3 Personen 100 DM. Großzügig angelegte Ferienanlage gleich neben dem Fischerdorf am schwarzen Sandstrand. Tennis, Squash, Reiten, Animationsprogramm.

Lanzarote

Hotel Beatriz
Calle Atalaya 3, E-35509 Costa Teguise, Tel. 591513. 346 DZ/13 Suites, EZ 110–190, DZ 150–245 DM. Spektakuläres 4-Sterne-Hotel aus Marmor und Glas. 2000 qm Salzwasserpools, Jacuzzi, ein beheizter Pool, Tennis- und Squashanlagen, Minigolf, Kinderclub.
Meliá Salinas
Urb. Costa Teguise, E-35509 Costa Teguise, Tel. 590040. 309 DZ/Suites, EZ 200–320, DZ 250–470 DM. 5-Sterne-Strandhotel. Garten- und Poolanlagen von César Manrique gestaltet.
Los Jameos Playa
Playa de los Pocillos, E-35510 Puerto del Carmen, Tel. 511717. 535 Zimmer/Suites, EZ 185–300, Do 200–430 DM. 1994 eröffnetes, geschmackvoll gestaltetes 4-Sterne-Hotel im ruhigeren Ortsteil. Gepflegter Garten und Poolbereich. Alle Sporteinrichtungen.
Finca de la Florida
El Islote, 90, E-35550 San Bartolomé, Tel. 521124. 14 Zimmer/1 Suite, EZ 230, DZ 300 DM mit Halbpension. Absolut ruhig gelegener Landgasthof im Inselzentrum. Deutsche Leitung. Viele Sport- und Ausflugsmöglichkeiten.
Casas Los Valles
Sres. Fontes de León, Calle Tamadagua 19, E-35539 Teguise, Tel. 528019. 6 Ferienwohnungen/Häuser, Wohneinheit 190–250 DM. Geschmackvoll restaurierte Landhäuser. Freundliche deutsch-lanzarotische Besitzer. Frisches Obst und Gartengemüse für Selbstversorger.
Hotel Rural Finca de las Salinas
Crta. Yaiza-Arrecife 17, E-35570 Yaiza, Tel. 830325. 17 Zimmer/2 Suites, EZ 175–250, DZ 230–330 DM. Ende 1996 eröffnetes Landhotel mit gepflegtem Vorgarten, gestylten Aufenthaltsräumen, Bodega, Restaurant. Deutschsprachige Rezeption, deutsche Zeitschriften.

Restaurants

Gran Canaria

Mirador de la Silla
E-35350 Artenara, Tel. 666108 (11–17.30 Uhr). Terrassenlokal mit herrlichem Blick auf die Bergwelt rund um den Roque Nublo. Hausmannskost.
Pepelujan
Joaquín Costa 25, E-35007 Las Palmas, Tel. 22 84 68 (tgl. außer so). Kleines gemütliches Lokal im Einkaufsviertel Mesa y López. Kanarische Küche und hausgemachte Desserts.
Casa Montesdeoca
Montesdeoca 10, E-35001 Las Palmas, Tel. 333466 (tgl. außer so). Romantische Adresse im Stadtteil Vegueta. Historisches Wohnhaus mit schattigem Innenhof. Spezialitäten aus ganz Spanien. Gehobene Preiskategorie.
La Bodeguilla Juananá
Local 390, E-35138 Puerto de Mogán, Tel. 565044 (di–so). Klein und urig. Deutsch-kanarisches Besitzerehepaar. Gute Weine, jede Menge Ziegenkäse und Kunsthandwerk (käuflich).
El Puerto de Laguete
Ntra. Sra. de las Nieves 9, E-35489 Puerto de las Nieves, Tel. 898477 (tgl.). Einfaches Fischrestaurant mit Hafen- und Meerblick. Frischer Fisch und Meeresfrüchte.
Cho Zacarías
Avda. Tinamar s/n, E-35320 San Mateo, Tel. 660627 (tgl. außer mo). Kanarisches Landhaus mit Museum. Spezialitäten der Inselküche.
Jardín Canario
Plan de Loreto s/n, E-35017 Tafira Alta, Tel. 351645 (tgl.). Rustikal eingerichtetes Lokal mit herrlichem Blick auf die Schlucht von Guiniguada. Kanarische und internationale Küche.
Acaymo
Barrio del Tostador 14, E-35140 Valle de Mogán, Tel. 569263 (tgl. außer mo). Beliebtes Ausflugslokal der Einheimischen mit rustikalem Speiseraum und Sonnenterrasse im fruchtbaren Tal von Mogán. Kanarische Spezialitäten.

Fuerteventura

El Sombrero
Paseo Marítimo, E-35660 Corralejo. Tel. 867531, (tgl. außer di). Direkt an der Strandpromenade. Saftige Steaks, Fondues, frischer Fisch und Ziegenkäse. Internationales Publikum.
Bahía La Pared
Urbanización La Pared, E-35627 La Pared, Tel. 549030 (tgl.). Bei Einheimischen beliebtes Ausflugslokal in herrlicher Lage mit Meerblick. Große Terrasse, Schwimmbecken, Kinderspielplatz. Fangfrischer Fisch, Paella und Fischsuppe.
La Chosa
Calle Casco Viejo, E-35625 Morro Jable, Tel. 541665 (tgl. außer so). Kleines gemütliches Lokal in einer Seitengasse zur Strandpromenade. Frischer Fisch und kanarische Spezialitäten.
La Fonda
Calle Nuestra Señora de Regla 13, E-35628 Pájara, Tel. 161625 (tgl. außer di). Gegenüber der Pfarrkirche, rustikale Einrichtung. Typische Spezialitäten und Wurstwaren der Insel.
Los Pescadores
Playa de Pozo Negro, E-35639 Pozo Negro, Tel. 908-265401 (tgl.). Gemauerte Terrasse direkt am schwarzen Strand, kleiner Speisesaal mit vielen Fotos. Spezialität: Fisch und Paella.
La Marquesina
Calle Pizarro 62, E-35600 Puerto del Rosario, Tel. 530030 (tgl.). Fischrestaurant der gehobenen Kategorie. Feine Saisonküche.

Lanzarote

Castillo de San José
Im Museum de Arte Contemporáneo, E-35500 Arrecife, Tel. 812321 (tgl.). Geschmackvolle, helle Räume mit Gemälden berühmter zeitgenössischer Künstler. Blick auf den Hafen durch die großen Panoramaglasscheiben. Hier speist auch schon einmal die königliche Familie.
Jameos del Agua
E-35520 Haría, Tel. 835010/835624 (tgl. 11–19, di/fr/sa auch 19–3 Uhr). Erlebnis-Speisen in der Vulkanhöhle. Gehobene Preise.
El Campesino
Am Monumento al Campesino, E-35562 Mozaga, Tel. 520136 (tgl. 10–18 Uhr). Rustikaler Speisesaal und sonnige Terrasse. Hinter dem Tresen sind viele Inselspezialitäten aufgebaut.
Los Valles
Los Valles, km 13, 35539 Teguise, Tel. 528036 (tgl.). Altes Landhaus mit Aussichtsterrasse. Kanarische Spezialitäten.
La Tahona
Calle Sto. Domingo, 35530 Teguise, Tel. 845349 (tgl. außer sa; fr 24 Uhr Live-Musik). Mit alten Ortsfotos, Handwerksgeräten, Keramik.
La Era
Trasera del Ayuntamiento, E-35570 Yaiza, Tel. 830016 (tgl.). Von César Manrique restauriertes Landhaus (17. Jh.). Mehrere gemütliche Speisesäle rund um den Innenhof sowie Bodega für den kleinen Hunger (Käse, Wurst, Inselweine).

Stand: Oktober 1997

Touristik-Informationen

Open-air-Musikfestival Atlántica mit Musikgruppen aus Europa, Afrika und Amerika in Playa del Inglés auf Gran Canaria (zweite Hälfte Januar).
April: Opernfestival in Las Palmas auf Gran Canaria.
Nov.: Gitarrenfestival (jährl.), int. Musikfestival Womad am Las-Canteras-Strand (zweijährl., nächstes 1998) in Las Palmas auf Gran Canaria.
Auf Lanzarote finden die meisten Konzerte im Auditorium der Vulkanhöhle Jameos del Agua nördlich von Arrieta statt, auf Fuerteventura im Auditorium der Hauptstadt Puerto del Rosario.

Öffentliche Verkehrsmittel

Im zentralen Omnibusbahnhof, Estación de Guaguas, 35002 Las Palmas/Gran Canaria, Parque San Telmo, Tel. 368335, erhält man Fahrpläne, Auskünfte und Fahrkarten für alle Stadt- und Überlandbusse. Auf Lanzarote liegt der Busbahnhof in Arrecife an der Ringstraße, Rambla Medular, Tel. 808175, und auf Fuerteventura im Stadtzentrum von Puerto del Rosario, Avenida de la Constitución, Tel. 852166. Auf allen drei Insel fahren Linienbusse vom Flughafen zum Zentrum der jeweiligen Hauptstadt. Auf Gran Canaria hält auch der Linienbus auf der Strecke Las Palmas–Maspalomas in Flughafennähe.
Freie Taxis erkennt man an der grün leuchtenden Lampe auf dem Dach. Fahrten im Stadtbereich sind preiswert, über Land dagegen eine kostspielige Angelegenheit.

Öffnungszeiten

Kernzeiten für Geschäfte sind 10–13 und 17–20 Uhr. Banken und Ämter sind nur vormittags offen. Landestypische Restaurants (außerhalb der Feriengebiete) servieren mittags ab 13 und abends ab 20 Uhr. Lanzarotes wichtigste Sehenswürdigkeiten ›Centros de Arte, Cultura y Turismo‹ sind von 9/10 bis 17/18 Uhr geöffnet.

Post und Telefon

Die meisten Postämter haben nur vormittags geöffnet. Briefmarken sind jedoch auch in allen Tabakläden erhältlich. Briefe und Postkarten nach Deutschland sind oft über eine Woche unterwegs. Wichtige und eilige Sendungen sollten deshalb per Einschreiben/Eilboten geschickt werden. Besonders schnell geht es mit dem Postal Exprés-Service.
Für Auslandsgespräche von öffentlichen Telefonzellen benötigt man 100-Peseten-Münzen oder eine Telefonkarte ›Tarjeta de Telefónica‹, die in allen Postämtern und Tabakläden erworben werden kann.
Vorwahlnummern sind von den Inseln nach Deutschland 07-49 + Ortsvorwahl ohne Null, von Deutschland nach Gran Canaria, Lanzarote, Fuerteventura 003428, von einer Insel zur anderen ohne Vorwahl. Ein Tip ist der ermäßigte Mondscheintarif in der Zeit von 22 bis 8 Uhr, d.h. 9 Uhr in Deutschland.
Mobil-Telefonnummern beginnen mit der dreistelligen Vorwahl 908, 929, 989 etc. und funktionieren nicht immer wie gewünscht. Ist der Teilnehmer nicht erreichbar, sollte man es später erneut versuchen

Schöne Stickarbeiten, wie diese Decke mit Rosettenmuster, findet man in der Stickereischule von Lajares auf Fuerteventura.

oder eine Nachricht auf dem Anrufbeantworter ›Buzón de Voz‹ hinterlassen.

Souvenirs

Landestypische Mitbringsel sind Hohlsaum- oder Rosettenstickereien, Korb- und Töpferwaren sowie die typisch kanarischen Bananenmesser. Einen guten Überblick bieten Gran Canarias Läden der Kunsthandwerksvereinigung FEDAC in Las Palmas, Playa del Inglés, Cruz de Tejeda.

Spielkasinos, Shows, Diskos

Besonders heiße Diskotheken findet man in Las Palmas de Gran Canaria und an den belebten Ferienstränden Playa del Inglés auf Gran Canaria und Puerto del Carmen auf Lanzarote. In allen größeren Hotel-an-lagen werden regelmäßig Tanzveranstaltungen und Shows veranstaltet. Spielkasinos findet man auf Gran Canaria in Las Palmas und Maspalomas, auf Lanzarote in Puerto del Carmen.

Sport

Angeln: Hochseeangeltouren werden in allen Sportboothäfen angeboten.
Baden: Maspalomas auf Gran Canaria, Papagayo und Puerto del Carmen auf Lanzarote, Corralejo und die Halbinsel Jandía auf Fuerteventura haben die besten Strände.
Golf: 18-Loch-Plätze auf Gran Canaria im Norden (Bandama) und Süden (Campo de Golf Maspalomas), auf Lanzarote an der Costa Teguise, auf Fuerteventura nur Golfakademie in der Feriensiedlung La Pared.
Reiten: Höfe mit Pferden auf allen Inseln, ebenso der obligatorische Kamelritt.
Tennis: In gehobenen Hotels und Bungalowanlagen meist eigene Tennisplätze.
Wandern: Routenvorschläge und Wandervereinsadressen auf Gran Canaria über die Fremdenverkehrsämter (siehe Adressen), Wanderführer und Karten in den Buchhandlungen von Las Palmas de Gran Canaria.
Wassersport: Segel- und Windsurfschulen sowie Tauchbasen (oft deutschsprachig) in allen Ferienorten.

Sprache

Landessprache ist kastilisches Spanisch. Zumindest in den Feriengebieten aber wird ausreichend Englisch und/oder Deutsch gesprochen. Viele Hinweisschilder und die meisten Speisekarten sind in deutscher Sprache abgefaßt.

Zeitungen und Rundfunk

Über Ereignisse auf allen Kanarischen Inseln informiert das deutschsprachige Wochenmagazin ›Info Canarias‹. Aktuelles über Lanzarote und Fuerteventura findet man in der deutschen Monatsausgabe der Wochenzeitschrift ›Lancelot‹.
Auch das Radio sendet auf Deutsch: Die Deutsche Welle ist über Kurzwelle auf den Frequenzen 9454, 11795, 11785, 15275, 7130 kHz zu empfangen, Radio FM im Süden von Gran Canaria auf UKW 93,0 von 8 bis 10 und 17 bis 21 Uhr.

Wetterdaten

Las Palmas	Tages-temp. max.	Nacht-temp. min.	Wasser-temp.	Tage mit Nieder-schlag	Sonnen stunden pro Tag
Januar	21°	16°	19°	5	6
Februar	21°	16°	18°	4	7
März	22°	16°	18°	2	7
April	22°	17°	18°	1	8
Mai	23°	18°	19°	<1	8
Juni	24°	19°	20°	0	9
Juli	26°	21°	21°	0	10
August	27°	21°	22°	0	9
September	27°	22°	23°	1	8
Oktober	26°	21°	23°	2	7
November	24°	19°	21°	5	6
Dezember	22°	17°	20°	5	6

Quelle: Deutscher Wetterdienst, Seewetteramt Hamburg

Register

(**Fettgedruckte** Ziffern verweisen auf Autoatlas und Stadtplan, unterstrichene Ziffern auf Abbildungen)

Fuerteventura

Gran Canaria

Lanzarote

Zeichenerklärung Karten

Verkehr

- Autobahn mit Anschlußstelle
- Autobahn in Bau - geplant
- Vier- oder mehrspurige Straße - in Bau - geplant
- Wichtige Hauptstraße - in Bau - geplant
- Hauptstraße - in Bau - geplant
- Nebenstraße - in Bau
- Fahrweg/Karrenweg - Fußweg
- Entfernungen an Autobahnen in km — 37
- Entfernungen an sonst. Straßen in km — 25 10 35
- Autofähre
- Flughafen - Flugplatz

Sehenswürdigkeiten

- Wo-gibt-es-was? - Hinweis
- Besonders sehenswert (Ort, Bauwerk) — * Panorama
- Sehenswert (Ort, Bauwerk) — LAS PALMAS
- Sonstige Sehenswürdigkeit — * Palmeral
- Landschaftlich schöne Strecke
- Aussichtspunkt
- Burg - Schloß - Ruine
- Kloster - Kirchen - Ruine
- Denkmal - Höhle
- Turm - Leuchtturm
- Windmühle - Windrad

Sonstiges

- Boots- und Jachthafen
- Ankerplatz mit Versorgung
- Campingplatz - Badestrand
- Paß (Höhe in m) —) (181

Impressum

1. Auflage 1997

Verlag: HB Verlags- und Vertriebs-Gesellschaft mbH, Alsterufer 4, 20354 Hamburg, Postfach 300660, 20347 Hamburg, Telefon 040/4151-04, Telefax 040/4151-3231. Geschäftsführer: Kurt Bortz, Jonny Bülow, Dr. Joachim Dreyer

© HB Verlags- und Vertriebs-Gesellschaft mbH, 1997, für den gesamten Inhalt, soweit nicht anders angegeben

Redaktion und Produktion: Harksheider Verlagsgesellschaft mbH, Fabersweg 1, 22848 Norderstedt, Postfach 5249, 22822 Norderstedt, Telefon 040/528862-0, Telefax 040/5234056
Redaktion: Ulrike Klugmann (verantwortlich), Helga Schnehagen M.A. **Text und Bildrecherche:** Angelika König, Es Castell/Menorca **Exklusiv-Fotografie:** Thomas Peter Widmann, Regensburg **Layout:** Rolf Bünermann, Gütersloh
Kartografie: © Falk Verlag AG, München; Kartografie: © GeoData GmbH & Co. KG
HB-Bildatlas Fotoservice: Harksheider Verlagsgesellschaft mbH, Postfach 5249, 22822 Norderstedt, Telefon 040/528862-22, Telefax 040/5234056

Für die Richtigkeit der in diesem HB-Bildatlas angegebenen Daten – Adressen, Öffnungszeiten, Telefonnummern usw. – kann der Verlag keine Garantie übernehmen.
Nachdruck, auch auszugsweise, nur mit vorheriger Genehmigung des Verlages. Erscheinungsweise: monatlich

Anzeigenalleinverkauf: KV Kommunalverlag GmbH, Postfach 810565, 81905 München, Telefon 089/928096-24, Telefax 089/928096-20
Vertrieb Zeitschriftenhandel: Partner Pressevertrieb GmbH, Postfach 810420, 70521 Stuttgart, Telefon 0711/7252-227, Telefax 0711/7252-310
Vertrieb Abonnement und Einzelhefte: Zenit Pressevertrieb GmbH, Postfach 810640, 70523 Stuttgart, Telefon 0711/7252-198, Telefax 0711/7252-333
Vertrieb Buchhandel: Mairs Geographischer Verlag, Marco-Polo-Zentrum, 73760 Ostfildern, Telefon 0711/4502-0, Telefax 0711/4502-340
Reproduktionen: Otterbach Repro GmbH & Co., Rastatt **Druck und buchbinderische Verarbeitung:** SOV Graphische Betriebe, Bamberg. Printed in Germany

ISBN 3-616-06276-4

Teneriffa *La Palma · Gomera · Hierro*

Vulkaninseln unter dem Passat: die westlichen Kanaren

Foto: Fronleichnamsschmuck in La Orotava auf Teneriffa.

›Ich habe im heißen Erdgürtel Landschaften gesehen, wo die Natur großartiger ist, reicher in der Entwicklung organischer Formen. Aber ich muß gestehen, nirgends ein so mannigfaches, so anziehendes, durch die Verteilung von Grün und Felsmassen so harmonisches Gemälde vor mir gehabt zu haben.‹ Mit diesen Worten hat Alexander von Humboldt als einer der ersten Reisenden 1799 den Reiz Teneriffas mit ungläubigem Staunen geschildert. Er stand am Fuß des Teide, des mit 3718 Metern höchsten Bergs Spaniens.

Tropisch grün fällt das Land zur Nordseite ab, vulkanisch herb ist es im Süden. Dazwischen das Hochgebirge mit bizarren, von Vulkanen und dem Passat geschaffenen Formen und einmaligen Tieren und Pflanzen. ›Kontinent im Kleinen‹ – auf keine der Kanaren-Inseln trifft dieses Attribut besser zu als auf Teneriffa.

Doch Teneriffa ist noch viel mehr. Top-Ziel der Sonnenanbeter etwa: ganzjährig mild, mit ›ewigem Frühling‹, wie schon die Römer schwärmten – wo sonst in Europa gibt es das? Und wo ist der Wein süßer, wo sind die Feste ausgelassener? Wo wird Karneval so spektakulär gefeiert wie in Santa Cruz im Februar? In Rio – allenfalls.

Einen Sprung übers Wasser entfernt liegen die Nachbarinseln. La Palma gehöre den Wanderern, Gomera den Alternativen und Hierro den Zivilisationsmüden, so sagt man – und vereinfacht. Ein genaueres Bild, mit brillanten Fotos, vielen Infos und den bewährten Karten, bietet der HB-Bildatlas Nr. 177.

Lieferbare Ausgaben

27 Venedig und Venetien
32 Kopenhagen
38 Bornholm
40 Flandern · Antwerpen · Brügge · Gent
41 Trier
45 Jütland
46 Hohenloher Land
47 Vorarlberg
51 Osnabrücker Land
54 Wien
57 Emilia-Romagna · Vom Apennin zur Adriaküste
59 Provence
62 Luxemburg
63 Hessisches Bergland
64 Fichtelgebirge · Frankenwald · Coburger Land
65 Frankfurt
66 Steiermark · Graz
67 Côte d'Azur · Monaco
68 Dänische Inseln · Seeland · Fünen · Lolland · Langeland · Falster
70 Bodensee · Oberschwaben
71 Stuttgart und das Neckarland
72 Zentral- und Ostschweiz · Zürich · Luzern · St. Gallen
73 Hannover · Braunschweiger Land
74 Italienische Riviera · Genua
75 Altmühltal
76 Chiemgau · Berchtesgadener Land
77 Emsland · Grafschaft Bentheim
78 Sachsen
81 Kreta
83 Costa del Sol · Andalusien
84 Oberbayern zwischen Lech und Inn
85 Korsika
86 Bayerischer Wald
88 Schwäbische Alb
89 Südtirol
90 Hunsrück · Naheland · Rheinhessen
91 Paris
92 Sizilien
93 Allgäu
94 Thüringen
95 Oberpfalz · Regensburg
97 Ostfriesland · Oldenburger Land
98 Westerwald · Taunus · Rheingau
99 Mecklenburg-Vorpommern
100 Salzburger Land · Salzburg
101 Lüneburger Heide
102 Die Loire
103 Köln
104 Rhodos · Dodekanes
105 Rom
106 Südnorwegen · Fjordland
107 Berlin
108 Bayerisch Schwaben · Augsburg · Nördlingen
109 Costa Brava · Katalonien
110 Sauerland
111 Brandenburg
112 Die Pfalz
113 Elsaß
114 Sachsen-Anhalt
115 Graubünden
116 Düsseldorf
117 Mallorca · Menorca · Ibiza · Formentera
118 Südschweden · Stockholm
119 Münsterland · Münster
120 Prag
121 Eifel · Aachen
122 Bretagne
123 Weserbergland
124 Südengland
125 Fränkische Schweiz
126 Gardasee · Trentino
127 Rhön
128 Malta
129 Harz
130 Algarve · Lissabon
131 Hamburg
131 Hamburg, English Edition
132 Normandie
133 Elbe und Weser · Nordseeküste
134 Madrid
135 Die Mosel
136 Sardinien
137 Mainfranken · Steigerwald · Haßberge
138 Budapest
139 Südschwarzwald
140 Griechische Inseln: Kykladen
141 Thüringer Wald
142 Oberitalienische Seen · Lombardei · Mailand
143 Odenwald · Kraichgau · Bergstraße
144 Schottland
145 Dresden · Sächsische Schweiz
146 Holland · Inseln · Küste · Amsterdam
147 Spessart
148 Danzig · Ostsee · Masuren
149 Rhein und Ruhr
150 Costa Blanca · Valencia · Alicante
151 Mittelfranken · Ansbach · Rothenburg · Nürnberg
152 St. Petersburg
153 Nördlicher Schwarzwald
154 Basel · Bern · Aargau · Solothurn
155 Ostbayern zwischen Donau und Inn
156 Golf von Neapel · Kampanien
157 Ostseeküste Schleswig-Holstein
158 Irland
159 Nordseeküste Schleswig-Holstein
160 Französische Atlantikküste
161 Saarland
162 Burgenland
163 Weimar· Erfurt · Nördliches Thüringen
164 Böhmen
165 München
166 Zypern
167 Toskana · Florenz
168 Ostseeküste Mecklenburg-Vorpommern
169 Südfinnland · Helsinki
170 Kärnten
171 Erzgebirge · Vogtland · Chemnitz
172 Tessin
173 Teutoburger Wald · Ostwestfalen
174 Tirol
175 London
176 Gran Canaria · Fuerteventura · Lanzarote

Überall im Buchhandel / Bahnhofsbuchhandel erhältlich oder zu bestellen unter Telefon 0711/7252-198, Fax 0711/7252-333

In Vorbereitung

177 Teneriffa · La Palma · Gomera · Hierro
178 Chiemgau · Berchtesgadener Land
179 Mecklenburgische und Lauenburgische Seen